MINDSET, NOVO NORMAL EMPREEN DEDOR

COORDENAÇÃO EDITORIAL
JAQUES GRINBERG

MINDSET, NOVO NORMAL EMPREENDEDOR

© LITERARE BOOKS INTERNATIONAL LTDA, 2021.
Todos os direitos desta edição são reservados à Literare Books International Ltda.

PRESIDENTE
Mauricio Sita

VICE-PRESIDENTE
Alessandra Ksenhuck

DIRETORA EXECUTIVA
Julyana Rosa

DIRETORA DE PROJETOS
Gleide Santos

RELACIONAMENTO COM O CLIENTE
Claudia Pires

EDITOR
Enrico Giglio de Oliveira

ASSISTENTE EDITORIAL
Luis Gustavo da Silva Barboza

REVISORES
Tarik Alexandre e Sérgio Ricardo do Nascimento

CAPA
Gabriel Uchima

DESIGNER EDITORIAL
Victor Prado E Lucas Yamauchi

IMPRESSÃO
Gráfica Paym

Dados Internacionais de Catalogação na Publicação (CIP)
(eDOC BRASIL, Belo Horizonte/MG)

M663   Mindset, novo normal empreendedor / Coordenador Jaques
          Grinberg. – São Paulo, SP: Literare Books International, 2021.
          240 p. : il. ; 16 x 23 cm

          Inclui bibliografia
          ISBN 978-65-5922-237-7

          1. Empreendedorismo. 2. Liderança. 3. Sucesso nos negócios.
       I. Grinberg, Jaques.
                                                        CDD 658.4

Elaborado por Maurício Amormino Júnior – CRB6/2422

LITERARE BOOKS INTERNATIONAL LTDA.
Rua Antônio Augusto Covello, 472
Vila Mariana — São Paulo, SP. CEP 01550-060
+55 11 2659-0968 | www.literarebooks.com.br
contato@literarebooks.com.br

SUMÁRIO

9   PREFÁCIO
Jaques Grinberg

11   MUDOU, E AGORA?
Jaques Grinberg

19   LIDERANÇA NO NOVO NORMAL: CLAREZA NUNCA FOI TÃO IMPORTANTE
Ademir Ferreira Jr.

27   COMO REPROGRAMAR A SUA MENTE PARA ALCANÇAR O SUCESSO
Aline Horta

35   MORTALIDADE INFANTIL EMPRESARIAL
Amilcar Tupiassu

41   ERRAR É PRECISO! O PERIGO NA FALTA DE SEGURANÇA PSICOLÓGICA
Carla Béck

47   PENSAR QUE EXISTE UM NOVO NORMAL É INSANIDADE!
Claudio Assencio

53   A IMPORTÂNCIA DE FAZER UMA NOVA CONFIGURAÇÃO MENTAL DIÁRIA É FUNDAMENTAL PARA DETERMINAR OS PENSAMENTOS E COMPORTAMENTOS DOS SERES HUMANOS
Dani Mauricio Lima

59   AS NOVAS IDEIAS COMEÇAM COM VOCÊ
Daniel Ferreira

65   O PODER DE SER VOCÊ
Deisi Adriane Teixeira Val

73   *MINDSET* PARA O PROTAGONISMO EMPREENDEDOR
Edmir Kuazaqui

81	GESTÃO SISTÊMICA EMPREENDEDORA	
	Fabio Roberto Mariano	
89	OS TRÊS PILARES DO MARKETING DIGITAL	
	Felipe Diorio	
97	EMPREENDEDORISMO SEM LERO-LERO	
	Fernanda dos Santos e Pedro Loureiro	
105	COMO VOCÊ TEM REAGIDO ÀS ADVERSIDADES?	
	Iraneide Calixto	
113	UM DIÁLOGO B2B: REFLEXÕES DE DUAS AMIGAS, UMA *BABY BOOMER* E UMA *MILLENIAL* SOBRE MUDANÇAS E RESSIGNIFICAÇÕES DE *MINDSETS*	
	Isabel Árias e Thaís Batista	
121	O QUE AS EMPRESAS ESPERAM DE SEUS FUNCIONÁRIOS NO NOVO NORMAL	
	Jânia Correia	
129	SIMBORA EMPREENDER: O QUE SEPARA VOCÊ DAS TRÊS LIBERDADES?	
	João Neto	
135	O ENVELHECIMENTO ATIVO E A IMPORTÂNCIA DO *MINDSET* DE DESENVOLVIMENTO	
	Judith Borba	
143	SEU NEGÓCIO ON-LINE: CRIE, INOVE E TRANSFORME-SE COMO ASSISTENTE VIRTUAL	
	Karen Piasentim e Priscila Spina	
151	UM CONVITE PARA MUDAR	
	Kellen Verena S. Souza	
159	NOVO NORMAL OU NOVO DESAFIO?	
	Leda Barroso	
165	O DESAFIO DE ACEITAR MUDANÇAS	
	Leila Saturnino dos Santos	
171	A JORNADA DE SER EMPREENDEDOR	
	Leonice Tenório Barbosa dos Santos	
179	A CHAVE PARA DESENVOLVER UM *MINDSET* DE SUCESSO EMPREENDEDOR	
	Marciani Kestring Badziak	
187	UMA NOVA REALIDADE PRECISA DE NOVOS HÁBITOS	
	Mônica Moraes Vialle	

195	QUAL É SEU TEMPO DE RESPOSTA APÓS A CRISE? **Nildi Oliveira**
201	O PODER DA COMPETIÇÃO **Oberdan Siqueira**
209	O NOVO NORMAL DA EDUCAÇÃO **Rachel Camara Rodrigues de Melo**
217	RELACIONAMENTO AFETIVO EM ÉPOCA DE ISOLAMENTO **Regina Braghittoni**
227	OS TRÊS ESTADOS DA MENTALIDADE QUE TODO NOVO EMPREENDEDOR PRECISA SABER! **Sidney Botelho**
235	CRIANDO UM *MINDSET* FOCADO EM NOVAS EXPERIÊNCIAS! **Thiago Correia da Silva**

PREFÁCIO

Durante o ano de 2020, ouvimos muito sobre o "novo normal" e poucos entenderam o seu significado ou o que poderia acontecer. Afinal, o que é o tal novo que todos querem e esperam?

Ao ler este livro escrito por diversos autores e profissionais selecionados, cada um com o seu ponto de vista e experiência, você entenderá como se preparar para um futuro melhor e próximo – seja na vida profissional ou pessoal. O seu sucesso depende de atitudes e planejamento. Ao ler esta obra, a cada capítulo, você estará ainda mais preparado. Quando a pandemia do covid-19 chegou ao Brasil em março de 2020, em um primeiro momento surgiu o susto e acreditávamos que nada estava acontecendo. Em seguida, percebemos que o problema era mais grave do que o imaginado, causando desespero, depressão e tristeza nas pessoas. Muitos perceberam que precisavam fazer algo e as ideias começaram a surgir junto com a qualificação, o planejamento e a inovação. Sim, a inovação que é a aplicação da criação. Quando você tem uma boa ideia e a coloca em prática você está inovando.

Se a origem da palavra pandemia vem do grego *pan* = todos e *demos* = povo, em resumo, é a doença infecciosa que se espalha num continente ou no planeta, por que não transformar a sua ideia em algo tão grandioso, uma pandemia do bem?

Já o conceito da palavra crise, na psicologia, é explicado como situações de mudança, de perda ou fase de substituições rápidas. As crises podem trazer resultados positivos ou negativos, tudo depende de como cada um reage e desenvolve uma estratégia para evoluir e sair dela. Vivemos um período difícil e inesperado, mas quando foi fácil? A superação faz parte dos desafios de viver e cada pessoa age de forma diferente. O segredo é agir, inovar e mostrar que todos são capazes e podem superar qualquer crise.

Temos amigos que estão reclamando e desmotivados? Sim, alguns estão dentro de nossa própria casa ou na família. Eu já reclamei da crise e ainda reclamo, talvez. Fazia tempo que não trabalhava tanto para ganhar menos, talvez. Estou estressado e a minha família não me entende, talvez. E ainda, tenho que administrar professores que não aceitam as aulas on-line, sim! Por alguns instantes podemos pensar que está dando tudo errado ou estão todos contra os nossos sonhos e objetivos. Se queremos, dependemos de quem para conseguir? De nós mesmos!

Pare e pense!

O que você, só você, pode fazer de diferente na sua vida para aumentar os resultados e a sua felicidade?

Parou e pensou?

Com tudo isso, sabemos que não é fácil. Muitos querem fazer a diferença e para isso é preciso fazer diferente e ainda estar preparado. Isso mesmo, sobreviver à crise e voltar ainda mais forte e diferente – melhor!

Inovar é tirar do papel suas ideias, das mais simples até as mais malucas. Transformá-las, de forma planejada, em inovação, seus sonhos em realidade.

Já a superação é aplicar inovação, acreditar e validar que você é capaz de fazer o que ninguém esperava, autossuperação. Muitos não acreditam nos seus próprios sonhos, criam obstáculos e compartilham suas ideias com pessoas negativas ou pessimistas. Está com dúvidas ou sem saber o que fazer, busque um mentor ou consultor profissional, uma pessoa com experiência e neutra que poderá, junto com você, avaliar os riscos e os diferenciais de cada ideia e, ainda, ajudá-lo a colocá-las em prática, transformando-as em realidade. Isso chama-se superação com inovação!

Nós, autores deste livro, acreditamos em você e no seu potencial inovador e de superação! Confie em si próprio também!

Jaques Grinberg

1

MUDOU E AGORA?

Ao ler este capítulo, você entenderá que empreender no Brasil sempre foi um desafio, seja por causa de tributação, leis trabalhistas ou burocracia que já começa na abertura das empresas. Empreender no Brasil é mais do que buscar resultados financeiros: é ter um propósito de vida. Com a pandemia, algumas tendências foram antecipadas e a jornada do cliente ou do consumidor também mudou. Os clientes com certeza estão mais carentes e querem atenção por meio de um atendimento *gourmet*, diferenciado e requintado. Algo personalizado e, se possível, VIP – não apenas para fazer uma venda, mas para encantar o cliente e conseguir sua fidelização. Este capítulo é recomendado para empresários, comerciantes e profissionais autônomos que desejam maximizar seus resultados com foco em vendas, marketing e fidelização de clientes.

JAQUES GRINBERG

Jaques Grinberg

É consultor de empresas e palestrante especializado em vendas e marketing. Técnico em Contabilidade, bacharel em Direito e MBA em Marketing na Fundace USP. Cursou Gestão de Pessoais no IBMEC; Teatro Executivo na Faap; *Coaching* na Sociedade Brasileira de Coaching (SBC). Possui formação profissional em Hipnose Clínica pelo IBFH, certificado internacional em PNL, Técnicas de Negociação no Dale Carnegie, entre outros diversos cursos. Conhece, na prática, as dificuldades de vender – é empresário e sócio em empresas. Conhecido nacionalmente por diversos artigos e matérias nos principais jornais do país, rádios e TV, foi capa da revista Exame PME edição 40. Participou como convidado do programa PEGN da Globo e é caso de sucesso no *site* Sociedade de Negócios do banco Bradesco. Autor do best-seller *84 perguntas que vendem*, publicado pela editora Literare Books com milhares de exemplares vendidos, e autor e coautor em mais de 20 livros de vendas, liderança, carreira, *coaching*, comportamento e empreendedorismo.

Contatos
www.jaquesgrinberg.com.br
www.queroresultados.com.br
11 96217 1818

Empreender no Brasil sempre foi um desafio, seja por causa da tributação, leis trabalhistas ou burocracia que já começa na abertura das empresas. Empreender no Brasil é mais do que buscar resultados financeiros, é ter um propósito de vida. O nosso planeta leva menos do que 24 horas para girar em torno de seu próprio eixo, exatamente 23 horas, 56 minutos e 4,1 segundos. Se é a natureza da Terra se movimentar e mudar, os clientes também mudam e as empresas também precisam se adaptar às mudanças. A hora certa de mudar é antes que seja preciso mudar.

Guarde a frase acima e aplique-a. Busque mudanças constantes, não esteja preparado para apagar o incêndio, mas evitar que aconteça o incêndio. Nesse sentido, o que fazer para o meu negócio crescer? Aqui estão sete dicas para entender o seu negócio e potencializar os resultados em um momento de crise:

1. As pessoas buscam soluções; é preciso vender o "remédio" que vai curar a dor dos seus clientes. Vendedor não vende dor, vendedor soluciona as dores.
2. Tenha diferenciais que encantam os clientes e que valorizam a sua marca.
3. Transforme os seus clientes em fãs da sua marca e produtos. Ir ao encontro das expectativas dos clientes é obrigação, fazer mais é surpreendê-los.
4. Tenha seguidores, mas busque engajamento que gerem vendas. Lembre-se de que os clientes querem conteúdo, novidades, dicas e promoções. Pare de postar apenas produtos para vendas e gere informações de interesse deles.
5. Acredite que funcionários motivados e qualificados formam um time de sucesso.
6. Busque inovação e novidades, as pessoas gostam de mudanças.
7. Troque os descontos e preços baixos por autoridade e novos serviços agregados. Os clientes topam pagar um pouco mais para serem surpreendidos. Se preço baixo fosse sinônimo de sucesso, lojas de R$ 1,99 não teriam quebrado. Pense nisso!

Qual das dicas acima você mais gostou? Legal! Agora vamos praticar respondendo as perguntas de *coaching* a seguir para entender melhor como aplicar as sete dicas acima no seu negócio.

1. Qual a dor dos seus clientes? Como seu produto irá contribuir para amenizar essa dor?
_____
_____
_____

2. Quais são os seus três principais diferenciais em relação aos concorrentes? Por que seus clientes buscam o seu produto?
_____
_____
_____

3. O que o seu time de atendimento e vendas ainda não faz para surpreender os seus clientes?
_____
_____
_____

4. O que você pode fazer de diferente que ainda não fez para fidelizar quem já é cliente e ainda, surpreendê-los?
_____
_____
_____

5. O que você ainda não fez e pode fazer para resgatar clientes que sumiram e não compram mais de você?
_____
_____
_____

6. Qual o conteúdo que os seus seguidores nas redes sociais querem e, se postado, irá gerar engajamento?
_____
_____
_____

7. Qual foi a última vez que você ofereceu uma palestra ou curso para os seus colaboradores?
_____
_____
_____

8. Qual foi a última ação de *endomarketing* feita na sua empresa para motivar e gerar engajamento com o seu time?
_____
_____
_____

9. Com qual periodicidade você dá *feedback* para os seus colaboradores e pede *feedback* sobre a sua gestão?
___
___
___

10. Quais são as melhorias realizadas com os últimos *feedbacks* dos colaboradores?
___
___
___

11. Os clientes e colaboradores gostam de mudanças: quais as últimas mudanças que aconteceram no seu negócio para valorizá-lo?
___
___
___

12. Pensando em inovação – seja em produto, serviços ou atendimento – quais foram as duas últimas inovações implantadas?
___
___
___

13. Como você pode valorizar o seu produto para vendê-lo sem precisar dar desconto?
___
___
___

14. Por qual motivo os seus clientes pedem desconto, se o que você vende vai resolver um problema ou sonho deles?
___
___
___

15. Quais os três principais argumentos que você usaria para vender sem baixar o preço?
___
___
___

16. O que você já fez no passado que deu resultado e nunca mais foi feito?
___
___
___

17. Os clientes estão carentes e querem atenção. O atendimento humanizado é tão importante quanto captar novos cliente. Pensando neste novo formato de surpreender os clientes, o que você pode mudar para implantar um atendimento *gourmet*?

_____
_____
_____

18. O que você – e só você – pode fazer de diferente para aumentar os seus resultados?

_____
_____

Agora, com as respostas das perguntas, faça uma análise do seu negócio. Pare e pense! Tire uma manhã ou uma tarde, fora da sua empresa para refletir, pensar e desenvolver estratégias para ela e por ela: a sua empresa.

Mas afinal, mudou. E agora?

Com a pandemia, algumas tendências foram antecipadas e a jornada do cliente ou do consumidor também mudou. Os clientes estão mais carentes e querem atenção através de um atendimento *gourmet*, diferenciado e requintado. Algo personalizado e, se possível, VIP, não apenas para fazer uma venda, mas para encantar o cliente.

Algumas tendências que as empresas precisam avaliar e refletir sobre cada uma:

- **Consultoria empresarial:** com a retomada, muitos empresários, comerciantes e profissionais autônomos começaram a buscar respostas com uma consultoria profissional com foco em vendas e *marketing*. Entender o novo perfil do cliente e como eles querem comprar é um dos melhores investimentos que as empresas podem fazer neste momento. Uma visão externa com a vontade de inovar e crescer são fatores fundamentais para o seu sucesso.
- **Aumento no consumo on-line:** as vendas on-line já estavam crescentes mesmo antes da pandemia, ela só antecipou para o público que ainda não comprava. Vendas de produtos alimentícios, compras em supermercados e até roupas e sapatos tiveram um aumento expressivo nas vendas virtuais, seja através de um *e-commerce*, seja pelas redes sociais ou aplicativo de mensagem. O canal de venda é importante e quem escolhe por qual comprar são os clientes, mas o mais importante é estar preparado para surpreender os clientes através de qualquer um destes canais, tanto no tempo de atendimento, quanto na qualidade do atendimento. Com isso, devemos pensar na experiência de compra do cliente, agora não apenas no formato presencial, mas também na compra virtual.
- **Logística e estoque:** com o aumento nas vendas on-line, as empresas precisam se preparar com estoque e logística, ambos eficientes. Um dos grandes erros é acreditar que vendas on-line não geram custo ou que não precisa de uma estrutura. Para muitos consultores, ter uma área de vendas on-line é quase igual de ter uma nova empresa.
- **Descentralização dos clientes:** com o aumento do *home office* na pandemia, muitos consumidores, em busca de qualidade de vida, mudaram das grandes ci-

dades para cidades menores. Alguns mudaram até de Estado ou país. Com essas mudanças territoriais, o pós-venda contínuo se tornou algo indispensável para as empresas – uma necessidade que já existia e poucas empresas aplicavam. Em resumo, as empresas que oferecerem um pós-venda de qualidade e uma estrutura de vendas on-line para os seus clientes, independente de onde eles estiverem morando, vão continuar comprando.

• **Redução de renda:** com a crise, infelizmente, muitas famílias perderam emprego e/ou tiveram redução na renda familiar. A preocupação com o consumo e como gastar o dinheiro tornou-se importante na gestão financeira das famílias brasileiras e o consumo consciente veio para ficar.

• **Consumo consciente:** também conhecido como consumo sustentável, é aquele que cada consumidor faz pensando no meio ambiente, na sociedade e no impacto financeiro da sua renda familiar. *Só compre se for precisar.* Quantas coisas temos em nossa casa que não usamos e, se desaparecessem, não fariam falta? Pode ser que sinta falta, mas não são essenciais. Alimentação é um exemplo: quantos itens compramos sem precisar no supermercado? Quanto às roupas, quantas peças novas compramos também sem precisar, apenas por desejo? Com essa mudança, a tendência é que cada vez mais os clientes comprem apenas o que precisam e, consequentemente, precisamos transformar o que vendemos em uma necessidade constante. Outro fator não menos importante é que as empresas precisam pensar e avaliar sua preocupação com o ambiente e com os animais. Os clientes pagam um pouco mais por produtos de empresas sustentáveis e este pode ser um *marketing* favorável para o seu negócio.

• **Qualificação profissional:** com o trabalho *home office* crescente, mais do que nunca os profissionais e as empresas precisarão buscar pela qualificação dos seus colaboradores. Brasileiros treinados ganham mais e consumem mais, mas também se tornam mais exigentes nas compras e na escolha pelos fornecedores. Investir também na qualificação do seu time para atender clientes mais exigentes é o melhor caminho e o mais seguro para o seu crescimento. Atualmente, diversos palestrantes e treinadores oferecem temas diversos e personalizados para atender as suas necessidades tanto no formato presencial quanto com treinamentos on-line e ao vivo. Ambos os formatos são eficientes e com um pacote de treinamentos continuado os resultados aparecem e o lucro aumenta – vender mais com menos desconto.

Vamos lá: você já entendeu o que precisa fazer, refletir e analisar. Agora só depende de você e se nada mudar a responsabilidade é só sua. Quem reclama não tem tempo para ganhar dinheiro e ter qualidade de vida, quem reclama vai continuar reclamando. Quem faz acontecer não reclama!

Acredite no seu potencial, ninguém nasce sabendo e mudar é o principal caminho para o sucesso. Se não sabe como mudar, busque a ajuda de um consultor profissional e aproveite os frutos que irá colher. Lembre-se, a hora certa de mudar é antes que seja preciso mudar. Conte comigo e com a minha equipe, fazemos o que gostamos e acreditamos na vontade e sonhos dos nossos clientes.

2

LIDERANÇA NO NOVO NORMAL: CLAREZA NUNCA FOI TÃO IMPORTANTE

Problemas de comunicação e clareza são históricos e recorrentes. Ao mudar os negócios, os relacionamentos e o estilo de vida, o novo normal expôs e agravou ainda mais esses problemas. Neste capítulo, vamos explicar porque a clareza é a "única coisa" para construir uma equipe produtiva e autônoma. Ao final, entregaremos um miniguia que pode ser usado para transformar clareza em hábito.

ADEMIR FERREIRA JR.

Ademir Ferreira Jr.

Empresário, líder e mentor. Na posição de CTO, construiu uma trajetória de sucesso nacional no segmento de desenvolvimento e distribuição de *software*, sendo reconhecido pelo prêmio MPE Brasil no ano de 2013. É bacharel em Ciências da Computação pela UNIC (2002) e MBA em Gerenciamento de Projetos pela FGV-RJ (2008). Mentor de líderes e empreendedores, certificado em *Mentoring* Pessoal, *Mentoring* de Negócios e Neurociência aplicada ao *Mentoring* pela GMG. Seu diferencial é a jornada de autoconhecimento e transformação. Iniciou sua carreira como uma referência técnica, descobriu-se um líder mediano, mas soube virar o jogo e reconstruir-se profissionalmente; subiu posições no mercado corporativo e tornou-se empresário pelos seus próprios esforços e aprendizados. Atualmente conduz seus negócios e programas de *mentoring* em Portugal, com clientes e parceiros no Brasil e Europa.

Contatos
www.ademirferreira.com
ademir@ademirferreira.com
Instagram: @ademirferreirajr
Facebook: @ademirferreirajr
(+351) 915-428-773

O novo normal chegou silencioso como um ladrão e delicado como um elefante. Como empresários, já estamos habituados: sempre que ocorre uma mudança na economia, ela bate primeiro em nossa porta. O jogo sempre foi esse e agora não seria diferente. O covid-19 não trouxe apenas uma mudança: trouxe uma revolução completa e abrupta nos negócios e na maneira como nos relacionamos. Tomaram de assalto o nosso jeito de viver. *Lockdown*, portas fechadas, falta de clientes, contratos encerrados, falta de dinheiro em caixa, máscaras, isolamento social. Tudo ao mesmo tempo e agora. Ninguém tem o cronograma de retorno às atividades normais. Nenhum país ou nação tem esse cronograma, muito menos o Brasil. Precisamos seguir em frente, enfrentar mais este leão e tirar os obstáculos do caminho.

Se nós estamos perdidos, imagine nossas equipes

Se negócios mudaram, relacionamentos mudaram e o estilo de vida mudou, o modelo de liderança também precisa acompanhar essas mudanças. Nossos resultados dependem da performance de nossos colaboradores.

Não podemos esquecer dos diversos profissionais autônomos que nos atendem diariamente – eles também são nossa equipe. Nossos negócios iriam à ruína sem eles. Precisamos liderá-los com excelência. No novo normal, estaremos cada vez mais expostos no papel de líderes, e aperfeiçoar nosso estilo é urgente e mandatório.

Clareza: a "única coisa" da liderança neste momento

Em uma cena do filme *Amigos, sempre amigos,* de 1991, temos o seguinte diálogo:

> *Curly: Sabe qual é o segredo da vida?*
> *Mitch: Não. Qual é?*
> *Curly: Isto. [Ele mostra um dedo.]*
> *Mitch: Seu dedo?*
> *Curly: Uma coisa. Uma única coisa. Concentre-se nisso, e o resto não vale mais nada.*
> *Mitch: Que ótimo, mas que "única coisa" é essa?*
> *Curly: Isso é o que você precisa descobrir.*

Quando falamos de liderança pós-pandemia, esta "única coisa" deve ser a clareza. Por impulso, costumamos pensar que a produtividade é mais importante que comunicação ou clareza. De fato, sem resultados não sobrevivemos. Mas lembre-se: clareza gera alinhamento. Com alinhamento, temos bons comportamentos e comportamentos produzem padrões.

Padrões excelentes constroem resultados excelentes, enquanto padrões ruins trazem péssimos resultados. Logo, clareza é esse diferencial entre ser bem-sucedido ou cair no abismo. Contudo, a busca por clareza é um problema recorrente e histórico. Se antes da pandemia era difícil sustentar a clareza, agora é ainda mais complicado. A clareza se tornou tão importante quanto difícil de ser atingida. Desconhecer metas, responsabilidades ou os motivos pelos quais estamos reunidos é o princípio criador do caos. Quando o caos entra em nossas equipes, os padrões começam a cair vertiginosamente.

O líder é o moderador do caos

Seu papel é monitorar o caos e agir internamente para equilibrá-lo. Nesse momento de crise, é muito comum que o líder perca o foco e acabe criando conflitos que podiam ser evitados. Quando feitas com pouca clareza, as escolhas e atitudes de um líder geram dúvidas na equipe. E uma equipe cheia de dúvidas é uma equipe caótica. Faz sentido que a clareza deva ser um hábito?

Precisamos assumir o compromisso constante de ser claros. Como a economia está em constante mudança, melhorar a clareza não é um ato isolado, é um hábito de melhoria contínua. É sobre flexibilidade e adaptação a mudanças.

Em um ambiente de clareza, dificilmente surgirão dúvidas como: Qual a responsabilidade dessas pessoas? Quais são as minhas metas? Como eu serei avaliado? A clareza de objetivos, responsabilidades e avaliação de desempenho modera o caos. Nos modelos anteriores de liderança, a equipe precisava se alinhar ao líder. No novo normal, os integrantes da equipe precisarão estar alinhados entre si e funcionar de forma autônoma.

Não se enfia clareza "goela abaixo"

Criar clareza não é um processo que fazemos à força. Pelo contrário, é um processo mútuo e contínuo em que o líder e o liderado descobrem juntos as perguntas e as respostas. Se bons relacionamentos não forem criados, será difícil entender o que passa na cabeça das pessoas. Cada pessoa alcança a clareza de maneira diferente. O líder eficiente constrói relacionamentos transparentes, que permitem o compartilhamento e a troca de informações sem ruídos. Pergunte-se: cada membro da equipe é só um meio para atingir resultados ou uma pessoa com o qual devemos nos relacionar?

Precisamos entender o porquê das pessoas

O desejo geral por sobrevivência não vai unir as pessoas. Pelo contrário: vai alimentar o caos e criar divisão. Quem paga esse preço é você, o dono do negócio. Por que essas pessoas permanecem em minha empresa? Quais são suas motivações? Por que elas aceitam lutar juntas por esses objetivos?

São perguntas que você deve saber a resposta. Quando não sabemos o porquê, o que falamos não faz sentido na cabeça das pessoas. Por isso, os líderes têm dificuldades em ter clareza: passam informações de uma maneira que não faz o mínimo sentido para a equipe.

Precisamos entender o que eles pensam e sentem. Se eu quero que as pessoas causem impacto em minha empresa, preciso conhecer essas informações, para que o impacto seja positivo.

Líder: aquele que sabe o que quer

Quando estamos desconectados do nosso propósito, nosso entusiasmo é temporário. Clareza é uma questão de coerência, e é difícil que sua equipe seja clara contigo se você não consegue ser claro consigo mesmo. Precisamos ter clareza profunda das razões pelas quais queremos liderar pessoas. Como vou seguir liderando nas adversidades e querer me aperfeiçoar se eu, no fundo, não tenho um propósito pessoal em liderar?

Seu propósito em liderar é como uma energia extra nas crises. Não lidere se você não está motivado a superar o caos. O líder precisa ter clareza de suas motivações e de seu propósito.

Eu penso que sou claro, você pensa que é claro – mas não somos

Liderar é estar conectado às pessoas, de tal forma que compreendemos seus problemas e suas intenções. A falta de clareza faz com que as pessoas percam a empolgação de trabalhar com você. Na minha opinião, passamos informações claras – mas não estamos sendo claros para o outro. Esta é, sem dúvida, nossa maior falha.

Precisamos nos esforçar para traduzir o que está em nossa cabeça para o entendimento da equipe. Este ciclo – de pensar que foi claro quando, na verdade, não foi – gera ideias incoerentes e ações inoperantes em sua equipe.

Eu nunca dei importância para a clareza

Liderar é construir ambientes produtivos e manter as pessoas empolgadas por estarem ali. Para isso, entender o funcionamento da mente humana é um fator decisivo. Enquanto não entendermos isso, não daremos importância para a comunicação, e continuaremos criando ambientes onde é impossível que a equipe produza em alto nível.

Nosso cérebro funciona em ciclos repetidos de duas etapas. Na primeira, ele percebe tudo o que acontece ao nosso redor por meio dos cinco sentidos: visão, audição, olfato, paladar e tato. Na segunda etapa, ele usa essas informações, combina com nossas memórias conscientes e inconscientes, concebe ideias e produz ações e reações.

Coloque-se na cabeça do seu funcionário

No telejornal, seu funcionário vê notícias de que a economia está em frangalhos, é bombardeado pelos números de contaminação e mortes por covid-19 e, então, a esposa o informa que o tio está internado na UTI – em decorrência do vírus, naturalmente. O telejornal ainda fecha com chave de ouro: o presidente da República avisa para não confiar na eficácia da vacina.

Após esse bombardeio de informações, quais ideias passam pela cabeça dele? Que reações ele terá? Vai chegar em sua empresa e ter alta produtividade? Ou vai se meter na "rádio peão" pra saber se os negócios da empresa vão bem ou mal? Se a empresa não tiver um líder moderador do caos, com a clareza suficiente para dar estabilidade à equipe, sua empresa vai ruir.

Precisamos de alta performance para vencer a crise

Sabemos que alta performance é fruto de elevados padrões. Lembre-se: clareza gera comportamentos, que, por sua vez, geram padrões.

Aceite este fato da vida: o cérebro das pessoas sempre vai absorver informações. Como líderes, somos responsáveis por influenciar positivamente as informações que nossas equipes recebem. Quanto mais sentido essas informações tiverem, melhores serão suas reações – e quanto menos sentido fizerem, menos coerentes serão seus padrões.

Informações claras geram bons resultados. Péssimas informações geram péssimos resultados. Instruções incoerentes geram resultados inconsistentes. Nunca se esqueça de cuidar de suas próprias ações e reações; elas são informações valiosas para dar clareza a sua equipe. Os cérebros deles percebem muito além do seu discurso.

Algumas dicas para ter clareza e produzir grandes resultados

Seria leviano bombardear você com tantas informações e deixá-lo perdido sobre por onde começar. Apresentarei alguns caminhos práticos para te guiar, logo que esta leitura se encerrar.

Se falamos de clareza, falamos de perguntas que precisam ser respondidas a fim de construir grandes resultados. Por isso, deixarei três perguntas fundamentais.

Primeiramente, como líder, você precisa encontrar suas próprias respostas para elas. Depois, garantir que a equipe conheça essas respostas. Ao final, sua equipe estará preparada para ajudá-lo nesta nova jornada.

Dizer que entendeu não é entender

Entendeu? Ficou claro?

Como líderes, nosso objetivo não é só compartilhar informações com nosos funcionários – precisamos garantir que a informação chegue claramente em suas mentes. Para isso, deixe de usar o simples "Entendeu?" e acrescente: "Poderia me dizer o seu entendimento a respeito do que falei?"

Quando repetem suas instruções, eles te dão a oportunidade de conhecer o que se passa em suas mentes. É nesse momento que você pode ajustar sua comunicação, construindo clareza pra valer. Lembre-se de que cada pessoa alcança a clareza de uma maneira diferente.

Pergunta 1: quem é meu cliente?

Independentemente da posição ou papel, todos têm um cliente. Pode ser o consumidor final do seu produto ou qualquer outro colaborador interno. Talvez algum outro setor, ou mesmo um parceiro ou fornecedor externo.

Parece óbvio que eles saibam a resposta – porém, se soubessem claramente, talvez as empresas tivessem menos anomalias em seus resultados. Deixe claro quem são seus clientes e garanta que as respostas da equipe estejam alinhadas com as suas.

Pergunta 2: quais benefícios ofereço para esses clientes?

Mais uma vez, parece óbvio que todos saibam a resposta. Mas acredite: muitos deles não estão alinhados com você. Se estivessem, você não viveria sobrecarregado. Quando a equipe conhece os benefícios do seu produto final, está pronta para ajudá-lo a cumprir esse propósito.

Isso também funciona para processos internos: quando ela entende a cadeia de processos e o que deve entregar para os departamentos ou pessoas seguintes, os resultados são otimizados naturalmente. Ou seja, com o domínio dessa resposta você terá uma equipe autônoma com excelência na execução.

Pergunta 3: como serei avaliado?

Quer construir uma equipe inoperante com resultados incoerentes? Diga a todos o que fazer e não mencione metas e critérios de avaliação.

Todos os funcionários querem dar o seu melhor, mas não conseguem fazer isso sem metas claras e indicadores de desempenho que eles considerem justos. Essas informações não são apenas para sua empresa, mas também para que eles mesmos façam a autoavaliação.

Criar clareza é uma questão de hábito

Coloque em prática essas instruções e terá uma equipe mais motivada. Um grupo de pessoas comprometidas a entregar grandes resultados. A chave é ter paciência e confiar no processo. Clareza é o segredo para que um líder sobreviva e prospere no novo normal.

Referências

ENDERSBE, T. *The three commitments of Leadership: how clarity, stability and rhythm create great leaders.* Mcgraw-Hill eBooks, 2011.

KELLER, G. *A única coisa.* Barueri: Novo Século Editora, 2014.

3

COMO REPROGRAMAR A SUA MENTE PARA ALCANÇAR O SUCESSO

Nas próximas páginas, você terá acesso a quatro passos fundamentais que servirão de guia para sua jornada de transformação. A trajetória empreendedora envolve muitas mudanças. Você vai se apropriar dessa mentalidade de sucesso e verá os primeiros resultados. O que será importante é o seu desejo de crescimento e mudança. Isso vai trazer o que a gente chama de engajamento. Seguindo esses passos, você terá um bom começo para reprogramar a sua mente e alcançar o sucesso.

ALINE HORTA

Aline Horta

Graduada em Psicologia Clínica com ênfase na área Organizacional, pós-graduada em Gestão de Pessoas (MBA), graduada em Pedagogia, graduada em Teologia pela Faculdade Católica de Anápolis (GO), graduada em Neuropsicologia, *Professional and Self Coach* formada pelo Instituto Brasileiro de Coaching (IBC), especialista em processos de *coaching* executivo, liderança e carreira, além de especialista em Hipnose Ericksoniana, Constelação Familiar e Intervenções em Forças de Caráter com ênfase em Psicologia Positiva. Capacitada pela Star's Edge Internacional – Orlando (EUA), *Master Avatar* com ênfase na área comportamental. Coautora do Livro *O impacto do coaching no dia a dia: coaching financeiro*. Diretora executiva do Instituto Renovare com foco em desenvolvimento humano. Professora de pós-graduação, ministra palestras, treinamentos e *workshops*. Criadora do Projeto Mulheres Poderosas. Esteve em treinamentos comportamentais com Tony Robbins. Escritora de obras para o despertar humano.

Contatos
alineleitehorta@gmail.com
Facebook: Aline Horta psicóloga
Instagram: @alinehortapsicologa
22 99752 0033

1º passo: nunca desista dos seus sonhos

Compartilharei a minha experiência com o empreendedorismo. Aos oito anos de idade, fui impactada de duas formas: pela arte das vendas e pela magia de atravessar o saber com a experiência de ser professora. Meu pai era empreendedor e minha mãe, educadora. Quando criança, brincava de lojinha e de ser professora. Já sonhava em despertar desejo nas pessoas a comprarem o que eu vendia. Foi uma trajetória única, com vivências emocionantes.

Aos quinze anos, despertei para o desejo de ser psicóloga, pois tinha o sonho de ajudar as pessoas. Precisei colocar o sonho de ser psicóloga em stand-by, pois conheci o amor da minha vida, Antônio Sergio, com quem me casei logo em seguida. Como não havia faculdade de Psicologia na minha cidade, então resolvi fazer Pedagogia para dar continuidade aos estudos. Sempre busquei oportunidades por onde eu passava. Na faculdade, vendia semijoias, biquínis e roupas. Durante esse período, também passei pela experiência da gestação e maternidade. Serginho, o mais velho e, dois anos depois, veio a Liz.

A instituição onde havia feito Pedagogia me convidou para dar aulas assim que me formei. Fui da brincadeira de criança para uma experiência encantadora, que durou um ano. Logo em seguida, em 1997, fui convidada para ser gerente de vendas de uma empresa de cosméticos chamada *Clinance*, no Rio de Janeiro, onde formei uma equipe de vendas bem expressiva, que atendia a cidade e toda a região. Viajava para o Rio de Janeiro todos os meses, onde participava das reuniões. Tenho imensa gratidão por esse rico aprendizado e também pelas minhas tias Luiza, Edmea e Dineia, que muito me apoiaram.

No entanto, em três anos a empresa faliu e eu montei a minha própria empresa em Itaperuna, no Rio de Janeiro. Trabalhei com o segmento porta a porta e formei uma equipe de mais de mil revendedoras em toda a região. Construí várias amizades durante esse tempo. Trabalhando com o empreendedorismo, busco sempre lembrar dos conselhos de meu pai: "Se o negócio desse apenas certo, se chamaria, certossio, como chama negócio, o negócio nega." Isso me ensinou a importância de ter inteligência emocional e planejamento estratégico para saber gerenciar o meu negócio.

Atualmente, consegui realizar o meu sonho de ser psicóloga, ajudando pessoas em meu consultório com psicologia clínica e organizacional. Atuo com as ferramentas de coaching e presto consultoria para as empresas, desenvolvendo e motivando pessoas.

Durante esse processo, dei à luz a minha filha caçula Mell, que hoje está com dezoito anos. Serginho e Liz tornaram-se médicos e moram em São Paulo. Cursei também Teologia e percebi que o teólogo não pode guardar o diploma na gaveta, precisa avançar para o social, o que me possibilitou ser uma empreendedora social.

Compartilho com vocês a minha missão de vida: "O sentido da minha vida é ajudar aos outros a encontrarem o sentido das suas vidas". Quando descobrimos a nossa missão e o propósito, percebemos qual é o motivo que acordamos todas as manhãs e passamos a valorizar as pequenas coisas da vida, encontrando grandeza na alma. Eu gosto muito do pensamento atribuído a Confúcio: "Escolhas uma profissão de que gostes e não tenhas que trabalhar nem um dia de tua vida".

A partir de agora, a responsabilidade de se beneficiar deste capítulo é sua. Seu sucesso ou fracasso em apropriar-se dos princípios descritos nesta lição estão inseparavelmente ligados a nove palavras positivas, dinâmicas e que me inspiraram em minha trajetória empreendedora. São elas: **definição, decisão, determinação, persistência, coragem, esperança, fé, iniciativa** e **repetição**. Repita as palavras, estabeleça seu principal objetivo e mentalize, repita sempre. Pense nele em cada momento ocioso do dia. Nunca deixe passar um dia sem fazer alguma coisa, por menor que seja, que leve você mais perto da realização de seu objetivo. É o fazer, e não o saber, que conta na vida. Um processo de *coaching* bem elaborado é capaz de inspirar e maximizar o potencial pessoal e profissional das pessoas, quebrando paradigmas em relação às mudanças, alcançando metas e objetivos. Assim, cria-se um contexto de transformação para o alcance de um estado desejado, utilizando técnicas e ferramentas para ampliar resultados: surge a integração do *coaching* com o Gerenciamento de Projetos.

Coaching é um mix de recursos e técnicas que funcionam em sintonia com as ciências do comportamento (psicologia positiva, inteligência emocional, neurolinguística). Dessa forma, desenvolve-se ferramentas para administração de empresas, performance esportiva, gestão de recursos humanos, planejamento estratégicos nas áreas mais diversas. É um processo que irá produzir mudanças positivas, duradouras e aumento da autoconfiança.

O termo *mindset* significa "configuração da mente" ou "modelo mental". Envolve as crenças, a forma de pensar e as disposições morais de uma pessoa. Trata-se da mentalidade do indivíduo frente ao mundo que o cerca. Essa noção mostra o poder da mentalidade sobre os resultados. No mundo do empreendedorismo, aprender sobre tal conceito é muito importante. Para que você comece seu próprio negócio, é fundamental desenvolver um *mindset* de crescimento. Essa característica afeta a maneira de gerir e tomar as decisões em um negócio.

Apesar de algumas pessoas nascerem com o dom do empreendedorismo, quem empreende não é naturalmente talentoso ou tem uma qualidade desde que nasceu. As pessoas com um *mindset* de crescimento têm vontade de aprender, evoluir e, consequentemente, florescer. É por isso que elas aumentam suas chances de sucesso em qualquer projeto. Concluímos que é necessário ter uma equipe que consiga desenvolver um *mindset* adequado, descartando então a proposta de ter um *mindset* fixo, pois a estagnação é a pior característica para quem quer empreender. A configuração mental fixa pensa que só as pessoas naturalmente talentosas alcançam sucesso – como uma espécie de dom fosse pré-requisito. Dessa forma, quem está com o *mindset* fixo acredita que o esforço e o aprendizado não podem gerar mudanças significativas. Por isso, geralmente eles tentam ser perfeccionistas e evitam qualquer desafio pelo medo de falhar. Quando surge algum obstáculo, a pessoa pensa em desistir e não tenta aprender com a situação. No meu processo, sempre transformei obstáculos em oportunidades.

2º passo: mantenha o foco na direção certa

Se você não tem as ferramentas adequadas, ou o capital de giro, ou os parceiros necessários para a plena realização de seu objetivo principal, trabalhe assim mesmo, exatamente onde está. Você ficará surpreso quando descobrir como, de algum jeito misterioso, ferramentas surpreendentes serão postas em suas mãos. Lembre-se: ninguém nunca está completamente pronto para fazer nada. Sempre falta alguma coisa, ou o momento parece não ser ideal. Empreendedores bemsucedidos não esperam o momento ideal para começar uma tarefa. Comece de onde estiver. Faça as curvas que aparecerem no caminho com calma, sem nunca se importar com os obstáculos que podem encontrar além delas. Aqueles que esperam todos os equipamentos necessários para começar nunca conhecem o sucesso, porque equipamento completo raramente está disponível no começo do plano de qualquer pessoa. Dessa forma, eu buscava sempre a minha força interna para conseguir realizar meus sonhos e não desistir quando o vento não estava favorável.

3º passo: seja você mesmo e saiba se posicionar

Estamos passando por uma transformação nos modelos de gestão. A velocidade das mudanças tornou nossos dias um desafio, principalmente quando nos referimos a pessoas: suas mentes, pensamentos e comportamentos sociais e profissionais. Vivemos em uma era de inovação constante e de necessidades cada vez mais complexas. Para o sucesso de qualquer projeto, devemos fortalecer as nossas ideias, valores e rede de relacionamentos. Investir em conhecimento torna este caminho mais próximo e realista. Muitos projetos fracassam por inúmeros motivos, como falta de recursos, desconhecimento sobre negócios, dificuldade de adaptação a mudanças, e a dificuldade de comunicação é um dos maiores motivadores do declínio de um projeto. A ferramenta para a construção de metas 5W e 2H é excelente para proporcionar uma ampla visão para seu negócio.

Empreendedores de primeira viagem tendem a ficar ansiosos quando pensam em todos os recursos que entram em jogo para que sua ideia saia do ideal e venha para o real. Começar um novo projeto demanda uma energia psíquica muito grande. Segue uma dica para você que está em abertura para uma nova fase em sua vida: hoje podemos contar com um planejamento estratégico para não correr o risco de ser um empreendedor impulsivo e vir a abortar o projeto em meses, por falta de planejamento. Precisamos acreditar nesse novo projeto. Primeiramente você precisa se perguntar: você compra o que vende? Compartilho com vocês como eu tirei uma ideia do ideal e trouxe para o real, nascendo assim o *Instituto Renovare*, onde fiz essa pergunta e a resposta vinda ao meu coração foi "Eu compro o que eu vendo". Então, com o planejamento estratégico e ferramentas de coaching, pude realizar o meu sonho em novembro de

2015 e hoje atuo dando palestras, cursos de autoconhecimento, processos de *coaching* e atendimento psicológico presencial e on-line.

Para a sua ideia ser inovadora e para que você alcance o seu sucesso, aqui estão algumas dicas:

- Não basta que você acredite na qualidade de sua ideia, é preciso também ser honesto em relação ao potencial de seu futuro empreendimento;
- Seu esforço para fazer com que a ideia vire realidade é de extrema necessidade;
- Tanto as pequenas, quanto as grandes empresas de sucesso começaram com uma ideia inovadora.

Vale a pena conferir o caso de sucesso de Thomas A. Edison, que deu ao mundo a lâmpada elétrica incandescente, a máquina de falar, a imagem em movimento e uma grande variedade de outros aparatos úteis à humanidade, mas nenhuma parte desse sucesso foi resultado da sorte. O simples fato de Edison ter enfrentado mais de dez mil fracassos antes de encontrar um método de controle da eletricidade e torná-la útil para acender uma lâmpada, comprova que ele não confiava na sorte.

O sucesso é resultado do poder da mente, que é organizado, controlado e dirigido com definição de objetivos. A escolha do objetivo principal definido é só o ponto de partida para o sucesso. O poder pessoal para definição de objetivo em seu equivalente físico ou financeiro vem da compreensão e do uso de outros princípios de realização. "A melhor maneira de obter as virtudes do caráter sólido é ajudando outras pessoas por meio do exemplo, a obtê-las": De maneira geral, homens bem-sucedidos do passado obtiveram conhecimentos dos princípios da conquista do sucesso pelo método de tentativa e erro. Mas esse método é demorado e caro. Por isso tantos fracassaram, embora suas metas e objetivos fossem dignos. Boas intenções e decisões não são suficientes para a conquista do sucesso permanente. É preciso conhecer as regras pelas quais o poder pessoal pode ser obtido, uma forma de conhecimento que está disponível apenas àqueles que entendem e aplicam o seu poder mental empreendedor e o planejamento estratégico.

4º passo: permita, por meio do exercício, mentalizar o resultado almejado

Seja a mudança que você quer ver no mundo. Pequenas mudanças podem gerar grandes resultados. Temos capacidade de nos transformar e desenvolver outras percepções. De acordo com Albert Einstein, "Você não consegue resolver um problema no mesmo nível em que foi criado. Você tem que subir a um nível mais alto". Por não possuir uma natureza conformista, Einstein foi um pensador independente, estimulado por uma imaginação que rompia o confinamento da sabedoria convencional, cujas ideias seriam responsáveis por tantos produtos tecnológicos atuais, como os *lasers*, as fibras óticas etc.

O desejo de mudar uma realidade ou construir algo novo passa antes por um ardente sentimento de insatisfação em seu interior. Toda ação em direção a um projeto nasce, portanto, dessa conturbação interna, da inquietação interna e que somente aquele que a vivencia pode modificar. Ao abrir possibilidades para o novo, permitimos modificar aquilo que nos perturba. Abrimos espaço para que haja um reposicionamento entre o que somos e o que fazemos. Mudar gera perda, mas continuar no mesmo lugar também. É por esse motivo que quero te ajudar a realizar os seus sonhos.

> **Exercício: mentalização para alcançar seu resultado sem medo**
>
> Mentalidade empreendedora: Eu me imagino realizado, bem-sucedido e feliz, compartilhando tudo isso com as pessoas que amo.
>
> O exercício que você vai fazer aqui é muito simples. Você vai fechar os olhos e pensar no lar emocional que deseja ter. Como seria a sua vida se você pudesse construir algo que fosse ideal, que tivesse tudo o que você deseja? Permita-se visualizar isso por um instante. Como você se sentiria? Como as pessoas que você ama se sentiriam? Coloque as pessoas dentro desse novo lar emocional que você está criando. Imagine essas pessoas se sentindo bem. Imagine as pessoas mais importantes para você, juntas, ao seu lado, nesse seu lar emocional. Como é que você se vê? Como você se sente? Você tem orgulho de si mesmo? Imagine como vai ser sua autoimagem. Sinta-se neste lugar. Como está o seu corpo? Como está sua saúde? Como estão suas finanças? Imagine tudo isso acontecendo e sinta-se feliz, perto das pessoas importantes para você. Coloque as pessoas com você nesse lar emocional que está criando. Se você fizer isso todos os dias por noventa dias, tenho certeza de que a sua vida vai começar a mudar. Esse exercício não leva mais que cinco minutos, em pouco tempo sua vida vai passar por transformações significativas. E agora você pode escrever a sua história.

É nos momentos de decisão que o nosso destino é traçado.
TONY ROBBINS

Sinto-me feliz e realizada com três filhos abençoados, como esposa, mulher e profissional. Sinto e escuto na essência com muito amor. Pura gratidão por cada pessoa que acredita em meu trabalho. Espero que, ao compartilhar a minha história, esta possa impulsionar você, leitor, a alcançar o seu sucesso.

Referências

BONIFÁCIO, A. *Pense Grande*. Belas Letras, 2013.

HILL, N. *Quem Aprende Enriquece*. Citadel Editora, 2017.

4

MORTALIDADE INFANTIL EMPRESARIAL

O capítulo conta a história de Maria, que faz a transição do mundo dos empregos para o mundo dos empresários. Nesta história, lida com os desafios comuns a todos os empreendedores no Brasil e mais: os seus próprios desafios internos, suas limitações autoimpostas, suas crenças limitantes sobre si mesma e sobre como as coisas "deveriam funcionar". O texto fala também de possíveis "vacinas" para esses desafios. Leitura recomendada para quem quer ser, é ou pensa em voltar a ser empreendedor, ou quer se reerguer no novo normal.

AMILCAR TUPIASSU

Amilcar Tupiassu

Coordena grupos de trabalho focados em desenvolvimento pessoal e geração de renda usando internet e outros meios a distância. Especialista em emagrecimento e mudança de hábitos, *master coach*, comentarista da CBN, professor e palestrante em âmbito nacional, com MBA em Gestão de Negócios e Tecnologia da Informação pela FGV. Mestre em Programação Neurolinguística e *master trainer* em PNL. Administrador de empresas. Formação em Cibernética Social, Hipnose Standard e Ericksoniana, Controle Mental pela Academia Brasileira de Ciências Mentais (SP) e Associação Azul de Pesquisas da Mente (PR). Especialista em Neurossemântica, sempre atualizado e participando dos eventos importantes na área. Empresário, trabalha como *personal coach*. É membro da Equipe de Presidentes Executivos na Hb. Desde 1993 apoia pessoas a descobrirem seus potenciais, tendo entre seus clientes desde pessoas que se tornaram presidentes de empresas e líderes de segmento até atletas que conquistaram ouro em competições nacionais e internacionais.

Contatos
amilcartupiassu@gmail.com
Telegram: @AmilcarTupiassu
Instagram: @amilcarcoach
91 98845 0505
11 96972 7908

Maria era uma pessoa esforçada e aprendia com certa facilidade o que se propunha a estudar. Como a maioria dos brasileiros, foi inserida em nosso sistema educacional, desenhado para formar empregados ao invés de empreendedores. Com o ensino médio concluído, conseguiu cursar uma faculdade, encontrou um emprego, foi promovida – e, de certo modo, a vida ia bem. Surpreendentemente, Maria foi contratada por uma empresa que tinha um plano de cargos e salários e, eventualmente, tinha até algum reconhecimento. Apesar de tudo, Maria queria mais. Queria ter ser próprio negócio.

Durante anos, estudou, pesquisou, economizou até se sentir preparada e, então, abriu o seu tão sonhado negócio. Depois de aberto, descobriu que precisava trabalhar no seu próprio negócio muito mais do que quando era empregada. Não teria férias nem 13º salário. Percebeu que o tão sonhado lucro, que supostamente se transformaria em riqueza e realização de sonhos não era tão fácil de conseguir. Depois de três anos se esforçando, as leis do setor do seu ramo de atuação mudaram e ela faliu.

Enquanto escrevo essas linhas, o Brasil é campeão de empreendedorismo (25% dos adultos, segundo a Agência Brasil) e, infelizmente, também está entre os campeões de desemprego. Isso cria uma magnífica oportunidade, que é a possibilidade de criar milhões de pequenos negócios, mas temos um desafio: muitos desses negócios serão abertos por pessoas ainda menos preparadas que a Maria da história acima – que poderia ser o seu José, você, leitor, e até mesmo eu, Amilcar.

Como fazer com que o meu, o seu e os futuros negócios se tornem duradouros e superem a marca da idade de uma criança? Como diminuir a mortalidade infantil empresarial e criar negócios longevos? Não vamos falar aqui das histórias que testemunhei de negócios que nasceram mortos. Vou dar três exemplos somente, mas você, leitor, pode lembrar de vários outros e, dessa foma, aprender com os erros deles.

No primeiro caso, temos empreendedor que investiu em uma franquia de perfumes. Perfumes de qualidade acima da média e boa aceitação. Semanas depois, "descobriu" (ele já sabia) que tinha alergia a perfumes. Caiu na real de que basicamente nunca comprava perfumes, sequer os usava por vontade própria – às vezes, quando ganhava de presente. Todavia, ficou fascinado com os números da franquia e resolveu arriscar. Fechou em alguns meses.

Depois, conheci a empreendedora que abriu um salão de beleza porque "dá dinheiro e eu gasto muito com salão todos os meses" e, logo em seguida, percebeu que não entendia absolutamente nada do ramo. Ficava à mercê dos profissionais. Obviamente, o retorno do investimento nunca veio.

Por último, o apaixonado por carros que abriu uma oficina mecânica – ou o apaixonado por bar que também resolveu abriu um bar. Não estou dizendo que você não deva investir naquilo que gosta, mas abrir um negócio não se resume ao gostar. Essas histórias são justamente para pensarmos ainda mais sobre a pergunta. Qual a diferença entre um negócio lucrativo e longevo e um que quebra antes de completar cinco anos?

Inicialmente, vamos pensar em uma vacina para alguns dos principais males do novos negócios: Gestão financeira não profissional; Falta de planejamento; Execução sem avaliação de resultados; Marketing ineficiente.

Gestão financeira não profissional

Em grande parte dos novos negócios, o empreendedor não desenvolve, desde o início, uma mentalidade para que sua PJ cresça, se desenvolva e, se for o caso, até se multiplique em filiais. Ainda hoje, a frase que escutei do meu pai décadas atrás se mostra real: empresário rico, empresa pobre. Uma empresa nova, quase como uma criança, precisa de cuidados especiais. Na parte da gestão financeira, alguns negócios "dão muito dinheiro", mas esse dinheiro não é do dono, é da empresa – ou, pelo menos, é da empresa para que ela continue existindo.

Vamos supor que você comprou uma máquina por R$ 50.000,00. Essa máquina tem uma vida útil de cinco anos. Se, por ano, o empreendedor não estiver guardando (em uma conta simples, sem juros, correções ou quaisquer outras análises) R$ 10.000,00, como ele vai repor a máquina importante para seu negócio em cinco anos? Como este, temos vários exemplos. Alguns são fáceis de entender, como o autônomo motorista de aplicativo que termina o dia com um valor e já sabe que a maior parte desse valor não é dele: é preciso dinheiro para combustível e outras despesas com o automóvel. Outros são mais complexos, como aquela dona de clínica estética que investiu muito em equipamento e, agora, esse equipamento está desvalorizado e ela está perdendo clientes para o concorrente que tem o equipamento mais atualizado do mercado. Na verdade, aquele equipamento tem que se pagar em apenas alguns meses e, não em anos, como ela pensava anteriormente.

Na gestão financeira, é fundamental pensar e colocar na planilha o óbvio, e, como costumo dizer, o óbvio nem sempre é tão óbvio – ele precisa ser dito.

A máquina que faz parte da produção da sua empresa está desgastando e, no futuro, vai precisar ser substituída? Sim, é óbvio. Você colocou esse custo na planilha de custos da sua empresa e do seu produto? "Ah, mas se eu colocar o preço final fica muito alto", já escutei de um contador, junto com um empresário. Daí fica a pergunta: será que esse empreendimento continuará viável com o passar dos anos? Vamos listar algumas perguntas e *insights* para te guiar sobre a sua gestão financeira.

Quem faz (ou vai fazer) a gestão financeira da sua empresa? É você? Seu marido ou esposa? Qual seu nível de preparação para essa atividade? Você não precisa ser contador, economista ou administrador. Os maiores empresários do mundo estão aí para confirmar que você não precisa ter uma graduação; no entanto, precisa realmente controlar os números e, acima de tudo, saber quais números controlar. Como você vai pagar as suas despesas, da sua família e da empresa nos primeiros meses (ou anos), enquanto o negócio está crescendo? Qual o tempo provável de retorno do investimento? Se você precisar de mais recursos, de onde eles virão?

Responder essas perguntas antes de abrir uma empresa é muito importante. Se sua empresa já está aberta, mesmo que você sinta a sensação de "consertar o avião com ele voando"– quando preferencialmente ele deveria estar em solo – é melhor do que o avião cair.

Falta de planejamento

Um dos maiores erros que você pode cometer antes de abrir sua empresa é deixar de analisar o mercado e o seu público-alvo. Mas, afinal, o que seria isso?

Se vou vender bolos, vou vender para todo mundo? Se abro uma loja de roupas, quem são as pessoas que irão comprá-las? Todo mundo gosta do mesmo tipo de cerveja? Se o mercado *fitness* está em alta, então a venda de vitaminas e suplementos está garantida? Acompanhei de longe uma pequena loja de bolos no meu bairro, que cresceu e gerou filiais. Os bolos dela eram iguais aos do supermercado e aos da padaria, mas tinha seu toque especial. Acredito que eles identificaram pequenos nichos não explorados e foram adiante. No supermercado ou na padaria você encontra 10 (ou 20) sabores de bolos? Bolos sempre "fresquinhos" saídos do forno? Diferentes tamanhos e preços? Pelo menos no meu bairro, isso só era verdade naquela pequena loja que conseguiu se destacar. Eles conseguiram suprir o desejo de pessoas que aceitem pagar um pouco mais por sabores exclusivos, produtos frescos, tamanhos diferenciados.

Certamente, além do talento do empreendedor e vários erros e acertos, a primeira questão, que é a gestão financeira, foi bem equacionada. A loja começou na garagem da casa (não gerou um segundo aluguel, IPTU e outros impostos) e foi crescendo de acordo com a demanda.

Por outro lado, no mercado de roupas, tenho um amigo que, sabiamente, diz que "roupa todo mundo compra, mas nem todo mundo paga". Que tipo de crédito você vai dar para seus clientes? Quem vai fazer a análise de crédito? Seus clientes vão ser de qual sexo, idade, nível de renda? Quais tamanhos de roupa você vai vender? A não ser que você tenha recursos ilimitados, é fundamental segmentar seu público, sendo que a roupa (pode não ser óbvio) é uma mercadoria muito perecível e pode ficar fora "da moda" em poucos meses, ficando encalhada em seu estoque.

Cerveja? Bem, é simples, basta estar gelada. Você está enganado. A época em que bastava ter cerveja gelada para vender já passou faz tempo. Hoje, você precisa pensar se vai se especializar em cervejas especiais, cervejas artesanais, cervejas importadas, cervejas raras... A lista das segmentações é grande e seu sucesso vai depender do quão específico você será nas respostas sobre seu produto e público-alvo. Cerveja, vinho, uísque, cachaça, café... Quase tudo com relação a bebida tem perspectivas de crescimento nos próximos anos, mas é preciso cautela e muito estudo.

Vitaminas, suplementos e comida para emagrecer. Bem, só o início do parágrafo já é uma segmentação. Conheço gente que vende só vitaminas, e só aí tem grandes diferenças. Nacionais ou importadas, de quais fornecedores, em combos ou separadamente? Quais diferenciais você vai oferecer? Boa parte dos suplementos não são verdadeiramente essenciais e a maioria das pessoas pode viver sem eles. Por quais razões alguém compraria seu produto? Como gerar esse desejo ou necessidade? Você vai trabalhar a relação com esportes, longevidade, emagrecimento, ganho de massa muscular?

Comida para emagrecer. Comida pronta para comer ou congelada? *Snacks*, sopas ou pratos prontos? Comida concentrada, desidratada, *shakes*? Gente que quer ficar "sarada" ou gente que quer ficar mais saudável?

Tem muito mais segmentação. Frequentemente, recomendo que o empreendedor procure uma franquia ou até mesmo uma empresa de venda direta ou Marketing Multi Nível. De acordo com o famoso escritor Robert Kiyosaki, é melhor que você procure uma empresa de MMN que tenha um sistema de treinamento bom, para que aprenda coisas que não aprenderia de outra forma (ou gastaria muito mais para isso). Podemos continuar falando de planejamento, pois o assunto é vasto, mas vamos para o próximo tópico.

Execução sem avaliação de resultados

Vamos pegar o exemplo dos bolos, gosto deles. É simples e, ao mesmo tempo, ótimo para comentar o que precisamos. Vamos supor que, seguindo as recomendações dos itens 1 e 2, decidi fazer bolos *diet* e foi um sucesso. Investi em outro forno, mais matéria-prima, contratei mais gente... Até que o fluxo de vendas começou a oscilar, não conhecia o calendário de eventos e sazonalidades do ano e, apesar de o bolo não ser superperecível, ele só é maravilhoso no dia em que foi feito, não nos dias subsequentes.

Começaram então as perdas por bolos vencidos, devolvidos por clientes que compraram por indicação mas não levaram o bolo tão bem indicado pelo amigo. Quais são as variáveis, os indicadores não tão óbvios do seu negócio? Você já fez uma lista deles?

Como realmente saber se o negócio está crescendo? Lembro de uma empresa que teve o faturamento crescente por anos, mas só tinha dois clientes – grandes empresas que, quando diminuíram suas encomendas, inviabilizaram o negócio. No caso, o número de clientes novos seria um indicador necessário e desprezado. E isso nos leva ao próximo tópico.

Marketing ineficiente

O "novo normal" praticamente sepultou a necessidade de fazer anúncios na TV ou em jornais de grande circulação, normalmente inatingíveis para os pequenos negócios. Tivemos uma explosão de audiência para as redes sociais, bem como o aumento da complexidade para usá-las para anunciar nossos produtos. Um dos marketings mais simples que eu uso e recomendo são as indicações dos próprios clientes. Se você é um profissional liberal ou tem um negócio bem específico no seu bairro, não fazer anúncios, não pensar e executar uma estratégia de marketing pode deixar o negócio à mercê de grandes oscilações de demanda e com risco de falência. Lembre-se: segundo Kotler, marketing é um conjunto de atividades que visa a entender e a atender às necessidades do cliente, não é simplesmente propaganda. Seu cliente pagou, você vendeu! Como está sua entrega ou seu *check-out*? Você faz acompanhamento pós-venda? Precisa ter assistência técnica? (bolo *diet* não precisa, mas pode ter um questionário com um sorteio de um bolo para quem preencher). Como você vai atender o seu cliente e até superar as expectativas dele?

Interaja com o autor nas redes sociais atuais e futuras no novo normal!

5

ERRAR É PRECISO! O PERIGO NA FALTA DE SEGURANÇA PSICOLÓGICA

A autora explica sobre a natureza e o comportamento humano perante situações de erro. O texto se desdobra sobre como a mudança de *mindset* funciona como um catalisador do conceito segurança psicológica. O comportamento humano perante o erro pode estar relacionado à falta de segurança psicológica, tema mais atual entre as lideranças contemporâneas e inovadoras.

CARLA BÉCK

Carla Béck

Psicóloga e consultora em Desenvolvimento Humano e Organizacional, com mais de 30 anos de experiência, Carla Béck é fundadora da Infinita Engenharia do Potencial Humano. Carla reúne experiência atendendo às empresas de médio e grande portes, bem como líderes em busca de aprimoramento de equipes. A psicóloga é uma das primeiras especialistas no Brasil a difundir o conceito "Agilidade Emocional", que tem se tornado tema central de discussões do presente e importante habilidade para o futuro. Carla Béck é também graduada em Engenharia Química e possui outras especializações nacionais e internacionais: Administração da Produção e Gestão de Pessoas: Carreiras, Liderança e *Coaching* pela PUC-RS. Psicologia Transpessoal (Assevim/UNIPAZ/ICPG) e MBA em Desenvolvimento Humano de Gestores (FGV-SP e Ohio University). *Coach* profissional pela ICC, *master coach, mentor* e *advisor sistem* ISOR pelo Instituto Holos e ICF, *eneacoach* pela Escola de Eneagrama de Khristian Paterhan e IEA.

Contatos
www.infinitaeph.com.br
carlabeck@infinitaeph.com.br
LinkedIn: @beckcarla
Instagram: @infinitaeph
19 98841 7478

Após muitas reflexões, decidi abordar neste artigo um tema permeado por uma série de preconceitos e tabus. O modelo utilizado atualmente ainda conduz pessoas e organizações a se sentirem despreparadas para tratar desse assunto, além de sempre evitarem falar sobre isso, escondendo suas consequências: quero falar sobre o erro. Tema fundamental quando se trata de empreendedorismo e inovação – inclusive, quando se fala sobre pessoas de modo geral, bem como sobre o impacto delas nos resultados das organizações.

O *mindset* de evolução do novo normal nos faz repensar a maneira como conduzimos nossas ações, incentivando à autorreinvenção. Nesse contexto, foram feitas pesquisas cujos resultados já foram divulgados – e apontam para uma nova discussão e um novo olhar sobre como o erro é abordado dentro e fora das organizações.

Em meu consultório, tenho recebido muitas pessoas que estão sofrendo com o perfeccionismo, excesso de rigidez e autoexigência. Na ânsia de quererem controlar tudo ao seu redor e evitarem o erro, as pessoas ficam cada vez mais presas nessa teia e acabam sendo devoradas pela inação, e vão se limitando cada vez mais pelo medo de errar.

O paradigma cartesiano constrói a visão do perfeccionismo e nos leva a acreditar que erro e acerto não podem coexistir. Todas as ciências que se constituem dentro desse paradigma reproduzem o preconceito pelo erro – e a escola, instituição responsável pelos processos de ensino-aprendizagem dessas ciências, acabam segregando o erro no contexto da aprendizagem.

De qual maneira o erro influi na aprendizagem?

Vamos utilizar o referencial de Piaget (1978) para falar sobre a aprendizagem. Nesse contexto, a aprendizagem configura-se através de aspectos hereditários, maturacionais e das experiências vivenciadas. Para Piaget, apesar de os fatores intrínsecos do sujeito influenciarem no seu aprender, a estimulação e a interação com o meio são fundamentais na construção do conhecimento.

A aprendizagem é construída pela interação do sujeito, que possui esquemas próprios de ação com meio. Wadsworth (1992, p. 2) define esquemas como "estruturas mentais ou cognitivas pelas quais os indivíduos intelectualmente se adaptam ao meio e organizam-no."

A interação do sujeito com o meio é responsável pela construção e modificação dos seus esquemas. Em seu desenvolvimento, o indivíduo enfrenta situações para as quais já possui esquemas específicos. Por outro lado, em novas condições que geram um estado de desconforto, a pessoa precisa assimilar ou acomodar o novo conhecimento aos seus esquemas para retornar ao equilíbrio. Frente ao desequilíbrio, é possível que o sujeito integre um novo dado perceptivo, motor ou de conceitos nos esquemas de ação já construídos (assimilação). O indivíduo também pode modificar seus esquemas para incorporar o novo conhecimento (acomodação). Ambos são considerados processos cognitivos regulados pela equilibração.

Considerando o valor positivo do erro, podemos inferir que, se o sujeito "[...] errar, sua tendência será a de refletir mais sobre o problema e sobre as ações que empregou para resolvê-lo. Vale dizer que o erro pode levar o sujeito a modificar seus esquemas, enriquecendo-os [...] o erro pode ser fonte de tomada de consciência" (AQUINO, 1997, p. 36).

Todos os processos de assimilação e acomodação levam à adaptação do sujeito ao meio, ampliando seus esquemas existentes ou desenvolvendo novos, e contribuindo para a evolução do ser humano.

Autoconhecimento e tomada de consciência

Não basta passar pelo processo sem ter consciência do que você aprendeu e do que aconteceu com você. Esse é um pré-requisito que necessita estar sempre sendo atendido.

Autoconhecimento é um dos diferenciais quando se fala em sucesso; está ligado à conquista do domínio pessoal. Segundo Senge (1998), está intimamente ligado ao engajamento com o seu próprio aprendizado ao longo da vida.

Falando em sucesso, será que Bill Gates (criador da empresa *Microsoft*), Mark Zuckerberg (fundador do *Facebook*), Vera Wang (*designer* de moda) e até mesmo Thomas Edison (inventor da lâmpada) nunca tiveram medo de errar? Acredito que não. O que os diferenciou foi a forma de lidar com esse medo: enfrentá-lo ao invés de recuar.

O *mindset* de crescimento faz toda a diferença na hora de superar obstáculos. Segundo Dweck (2017), *mindset* é um conceito que descreve diferentes mentalidades de um indivíduo e como elas influenciam suas escolhas pessoais e profissionais. Essas mentalidades determinaram nossos pensamentos, comportamentos e atitudes. Para ele, o *mindset* nos ajuda a compreender como as pessoas lidam com o erro, fracasso e a frustração. Sendo assim, o *mindset* de crescimento baseia-se "na crença de que você é capaz de cultivar suas qualidades básicas por meio de seus próprios esforços" (DWECK, 2017, p. 15). Ele traz maleabilidade e possibilidade de concretização das potencialidades dos indivíduos através do esforço.

Quero destacar que, apesar de serem determinantes, as mentalidades não precisam ser imutáveis – a mudança de mentalidade e a abertura ao novo estão diretamente ligados ao conceito mais moderno encontrado em lideranças inovadoras: a segurança psicológica.

Reflexão

Antes de entendermos o que é a segurança psicológica e qual a sua contribuição para a mudança de *mindset*, tente responder as seguintes questões:

1. Você consegue admitir seus erros?
2. Você consegue acolher erros de outras pessoas?
3. Acredita que o erro pode contribuir para o crescimento da sua empresa, equipe e o seu próprio?

4. Você expressa livremente as suas ideias em grupos de trabalho?
5. Você já analisou algum erro que tenha cometido? Compreendeu o que te fez seguir naquele caminho do pensamento?

A segurança psicológica é uma solução possível

Em um mundo frágil, ansioso, não linear e incompreensível, conhecimento, criatividade e inovação são vitais para a sobrevivência das empresas. O novo cenário é marcado por medo, insegurança e impotência. Diante da disrupção, quando não sabemos as respostas, a equipe frequentemente precisa testar, criar, propor e alterar rotas, expor ideias e colaborar entre si. Portanto, precisamos estabelecer um ambiente que sustente um modelo que acolha a perspectiva do aprendizado, incluindo o erro como um fator a ser considerado na obtenção do sucesso.

Nessa construção, abre-se um espaço para introduzir a segurança psicológica como uma possibilidade de sustentação para o *mindset* de crescimento dentro das empresas como um fator que contribuirá para uma mudança cultural.

A segurança psicológica ficou conhecida no mundo empresarial em 2017, quando o Google revelou seu estudo com mais de 180 equipes internas, cujo objetivo era entender quais eram os seus fatores de sucesso. Descobriu-se que não era "o quê", mas sim "o como" as equipes se relacionavam e estabeleciam um ambiente propício para o aprendizado.

A segurança psicológica é a crença de que o indivíduo pode ser autêntico no trabalho, é a confiança de que ele pode se expressar através de ideias, questionamentos, preocupações e erros sem sentir que sofrerá retaliações por parte da sua liderança e/ou equipe. Sentir-se seguro tem profunda relação com a experiência de cada indivíduo em seu ambiente laboral.

A segurança psicológica pode ser gerada em qualquer ambiente e, para isso, é necessária uma liderança engajada e disposta à mudança. Existem obstáculos a serem superados e técnicas a serem desenvolvidas para que o ambiente de trabalho seja um lugar possível e acolhedor, no qual é esperado que se apresentem preocupações, perguntas, ideias e em que se erre.

O grande desafio das empresas que buscam a alta performance é assumir riscos interpessoais de aprendizado com desconhecidos – apenas um ambiente seguro psicologicamente pode sustentar isso. Cabe ao líder, juntamente com a organização, construir esse novo modelo. Ele é construído por três etapas:

- Reconheça, diante de sua equipe, que há incertezas à frente e que todos dependem de todos;
- Reconheça sua própria possibilidade de falhar. Utilize frases como "posso ter deixado passar algo, preciso ouvir vocês". Isso demonstra uma certa vulnerabilidade, a qual gera mais segurança para a equipe falar.
- Modele a curiosidade das pessoas fazendo muitas perguntas, pois isso gera a necessidade de se expressarem.

Errar é preciso!

Compreender que o erro faz parte de todos os processos de aprendizagem pode nos tornar mais ágeis para evoluir conscientemente: essa é a tônica que quero deixar para a reflexão.

Destaco que várias pesquisas já foram divulgadas no sentido de dar visibilidade à importância da mudança desse modelo no que diz respeito aos resultados observados nas organizações, como aumento de engajamento, aumento de produtividade, melhoria no clima organizacional, aumento da rentabilidade e satisfação dos clientes.

O nível de maturidade e confiança dos membros da equipe aumenta, pois a segurança psicológica permite abertura para um relacionamento mais saudável e aberto. Isso contribui para que os membros do time assumam responsabilidades sem que adotem uma postura defensiva ou se escondam atrás de desculpas.

O exercício real que acontece é o de aceitarmos a nossa imperfeição, nossos erros e, dessa forma, superarmos a frustração. Não podemos ser imobilizados por nossos erros, mas sim compreendermos qual o esquema que utilizamos (o que nos levou até ali) e, melhor, olharmos para ela e compreendermos que ela nos faz indivíduos únicos.

As pessoas precisam ser empoderadas. Precisam de lugares seguros, precisam ser vistas e reconhecidas pelo que são em sua essência e seu jeito multifacetados.

Referências

AQUINO, J. G. (Org.) *Erro e fracasso na escola: alternativas teóricas e práticas*. São Paulo: Summus, 1997.

BÉCK, C. *A segurança psicológica – uma contribuição para a gestão e eficiência de uma equipe*. Campinas-SP, 2020. 29f. Monografia (Especialização Gestão de Pessoas: Carreiras, Liderança e Coaching), PUCRS, 2020.

BÉCK, C. *Liderança e segurança psicológica*. PME News, Campinas, 6 de out. de 2020. Disponível em: <https://pmenews.com.br/artigo/lideranca-e-seguranca-psicologica/>. Acesso em: 25 mar. de 2021

DELVAL, J. *Aprender a aprender*. São Paulo: Papirus, 1991.

DWECK, C. S. *Mindset: a nova psicologia do sucesso*. São Paulo: Objetiva, 2017.

EDMONDSON, A. C. *The Fearless Organization: Creating Psychological Safety in the Workplace for Learning, Innovation, and Growth*. New Jersey: John Wiley & Sons, 2019.

PIAGET, J. *Fazer e compreender*. São Paulo: Melhoramentos/USP, 1978.

SENGE, P. M. *A quinta disciplina: arte, teoria e prática da organização de aprendizagem*. Rio de Janeiro: Best Seller, 1990.

WADSWORTH, B. J. *Inteligência e afetividade da criança na teoria de Piaget*. São Paulo: Pioneira, 1992.

6

PENSAR QUE EXISTE UM NOVO NORMAL É INSANIDADE!

No dicionário, "normal" significa: de acordo com a norma, com a regra; comum. Que ocorre naturalmente ou de maneira habitual; natural. Que segue um modelo normal ou padrão. Que se comporta ou age de uma maneira considerada aceitável ou adequada. Logo, não faz o menor sentido tentar entender o mundo pós-pandemia como um novo normal. A seguir apresentarei como lidar com o mundo B.A.N.I.

CLAUDIO ASSENCIO

Claudio Assencio

Abandonei uma carreira bem-sucedida de mais de 20 anos que se iniciou como estagiário em educação física e terminou como *general manager* de grandes redes de academias para viver o meu propósito. Hoje eu ajudo empreendedores a se libertarem do medo do fracasso, da mudança e da rejeição, fortalecendo a crença de que tudo é possível, contribuindo para que sejam mais produtivos e seus negócios se tornem mais rentáveis e perenes; sou *master coach* e *senior associated* da SBCoaching Corporate, empresa referência mundial em soluções corporativas e desenvolvimento humano; *master practitioner* em PNL, *practitioner* em psicologia Positiva, Analista comportamental VIA (*Values in Action*), Alpha, DISC e ADV (Atributos, DISC e Valores); especialista em oratória; coautor do livro *Coaching: a hora da virada vol. 1*; acumulo mais de 5 mil horas de atendimentos, palestras, seminários e *workshops* para clientes em mais de 10 estados brasileiros e também no Peru, Chile, Colômbia e México.

Contatos
www.claudioassencio.sbcempresas.com.br
claudio.assencio@sbcempresas.com.br
11 98266 4035

Antes de contextualizar o mundo B.A.N.I...

Winston Churchill, durante a Segunda Guerra Mundial, constituiu um comitê para que as informações sobre a guerra chegassem a ele de maneira rápida, real e precisa. Assim, ele conseguiria tomar as melhores decisões. Michael Hammer, um dos maiores gurus da administração de empresas, na década de 90, apresentou ao mundo o conceito de Reengenharia, cuja ideia central se baseava nas seguintes perguntas: Se pudesse recomeçar seu negócio do zero, como você recomeçaria? O que continuaria fazendo? O que deixaria de fazer? O que começaria a fazer?

Nunca estiveram tão certos! Churchill, para liderar e decidir corretamente, se baseava no senso de realidade, enfrentava os eventos de forma brutal: exatamente como o mundo, os eventos e a guerra de fato eram, sem distorções ou alterações. Parece que Hammer previu a pandemia do novo coronavírus que fechou as empresas ao redor do mundo, parte temporariamente e parte definitivamente. O fato é que nenhuma empresa vai voltar ao seu funcionamento como era antes, da mesma maneira. É necessário se reinventar.

A pandemia nos mostrou o ponto exato de nossa incompetência e não nos deixou escolha. Precisamos nos colocar no lugar de aprendizado para preservar não só a nossa vida, mas nossos negócios, empregos, resultados, clientes, parceiros e fornecedores.

Surge o mundo B.A.N.I.

Durante a Guerra Fria, o exército norte-americano cunhou a expressão que fazia referência ao Mundo V.U.C.A., acrônimo inglês que diz respeito a um mundo Volátil, Incerto, Complexo e Ambíguo. Dessa forma, era possível analisar e se preparar para os possíveis cenários de guerra da época.

A pandemia acelerou a transição do mundo V.U.C.A. para o mundo B.A.N.I., definido pelo antropólogo e futurista norte-americano Jamais Cascio que, por sua vez, considera o atual cenário em que vivemos como Frágil, Ansioso, Não linear e Incompreensível.

Decodificando o mundo B.A.N.I.

Frágil. É assim que nossa saúde, nossa vida, nossos negócios, projetos e planejamentos se tornaram. Eventos totalmente fora do nosso controle nunca tiveram tanto poder sobre nós e sobre os nossos negócios como nos dias de hoje – e não há muito o que possamos fazer para reverter esse cenário.

Ansioso, com a possibilidade de morte ou falência iminentes, nunca se desejou resultados tão urgentes como se deseja hoje, porém a preocupação com o futuro também aumentou muito. O olhar para o futuro não mostra uma luz no final do túnel. O otimismo, que já não era muito grande, deu lugar ao pessimismo como nunca antes.

Não linear, pois o isolamento social, o *home office* e as incertezas em relação ao dia de amanhã prejudicaram os planejamentos, a comunicação, a fluidez das ações nas organizações. Nunca fez tão pouco sentido planejamentos de médio e longo prazos como nos dias de hoje, dada a sua fragilidade de execução.

Incompreensível, por fim, com o bombardeio de informações que recebemos a cada instante. Como saber quais delas de fato são as corretas? Quais levar em consideração? Como lidar com um comparativo de informações antagônicas em que ambas parecem ter a sua razão e importância? Não entender o que está acontecendo, hoje, faz bastante sentido.

O mundo B.A.N.I exige um novo *mindset*

Desde o início da pandemia, tenho trabalhado com as necessidades de meus clientes e enfatizando dois pontos-chave: a importância do propósito e da liderança. Vou compartilhar alguns exercícios e reflexões com você.

Sobre o propósito, reflita se você já tem ou pensa em ter uma empresa. Volte ao *day one*. Por quais motivos você começou ou deseja começar a sua empresa? Qual é – ou era – o seu propósito? Lembre-se do ensinamento de Peter Drucker: se você não iniciou sua empresa com o objetivo de ser o melhor do mercado, nem deveria ter começado.

Faça o seguinte exercício: pegue uma folha de papel, escreva seu propósito no topo da folha e utilize o restante dela para simplificar o seu propósito de modo que uma criança de seis anos consiga entendê-lo. Se ela não entender, é possível que seu propósito não seja claro nem para você. Pode ser que nem você tenha entendido. Se você não tiver clareza sobre seu propósito, seu negócio estará sobre um alicerce frágil.

Identifique com clareza seu propósito e, quando ele estiver mais claro do que nunca, estabeleça uma data. A partir de quando você deseja viver este propósito? A data cria senso de urgência, o qual impulsiona para a ação. O propósito deve ser seu único pensamento, foco e busca, 24 horas por dia, sete dias por semana. Tenha a clareza e o entendimento de que, com a realização do propósito, os demais objetivos se realizarão automaticamente no caminho. Treine a sua mente para pensar apenas nesse propósito, para vê-lo realizado e até mesmo para sentir-se como se ele já estivesse realizado.

Um propósito claro e bem definido deve ser o suficiente para quebrar a inércia, gerar motivação e movimento. Quando esse se movimento se inicia, é provável que bem cedo começarão a surgir obstáculos potencializados pelo efeito do Mundo B.A.N.I. É nesse momento que muitos desistem e muitos propósitos naufragam e morrem. Quem seguirá adiante? Os melhores líderes, os que têm o melhor *mindset*! Líderes de si, de suas ações e de seus pensamentos. O líder entende que os obstáculos revelam suas incompetências, conhecimentos e comportamentos que ele ainda não possui.

A capacidade de antecipar o futuro e de prever obstáculos é um atributo do *mindset* do líder, extremamente importante para lidar com o Mundo B.A.N.I. e realizar seu propósito. Uma vez que o líder antecipa quais são os principais obstáculos que ele enfrentará em sua jornada, pode dar alguns passos muito importantes, como iniciar imediatamente um plano de aquisição e desenvolvimento das competências necessárias, buscar por relacionamentos de apoio com as pessoas ou empresas que poderão contribuir com a superação dos obstáculos, quais parceiros e prestadores de serviço poderão facilitar o progresso em direção à realização do propósito.

A próxima característica importante do *Mindset* da liderança é a flexibilidade. Flexibilidade para mudar processos, o planejamento, a estratégia, o que for preciso mudar. Se algo na sua jornada está te trazendo frustração, dor ou tristeza, seja flexível e mude.

A última característica fundamental que vou abordar sobre o *Mindset* da liderança é a prontidão. O mundo B.A.N.I., o mundo dos negócios e a vida não admitem inércia e preguiça. Mais do que nunca, se manter em movimento na direção certa é fundamental.

Uma empresa jamais será maior do que a pessoa que a fundou ou que está à frente dela. Para se tornar perene em um Mundo B.A.N.I., o empreendedor deve ter a clareza de que o sucesso pessoal vem antes do profissional. Quanto mais ele forjar o seu *mindset* para o desenvolvimento de suas competências pessoais, mais ele poderá contribuir com sua empresa. Um líder só leva com segurança seu time até onde ele mesmo já foi. Quanto maior a jornada do líder, mais competente será seu time e melhores serão os resultados de sua empresa.

A psicologia positiva também traz uma forma de conhecimento bastante pertinente para o empresário. Destaco o acrônimo P.E.R.M.A. para contribuir com um *mindset* forte e capaz de lidar da melhor maneira com os desafios atuais e futuros.

A letra "P" remete às Emoções Positivas. O empreendedor deve experimentar regularmente emoções positivas oriundas da realização dos seus objetivos e propósito, mas também dos seus *hobbies* e lazer. Trabalhar em alta produtividade não gera cansaço somente para o corpo físico, como também o cansaço intelectual e cognitivo, que tem inúmeros efeitos indesejados, sendo um dos principais a baixa qualidade no sono. Durante os *hobbies* e lazer, são liberadas substâncias que surtem um efeito positivo para o sistema nervoso, contribuindo sobremaneira para a recuperação – e é bastante comum que se abra mão desses momentos em função do trabalho e necessidade de produzir.

"E" é a letra do engajamento. Engajamento com seus objetivos, com o desenvolvimento de suas competências, com a realização de seu propósito. Também é importante ter engajamento com causas sociais, externas ao nosso propósito. Contribuir com os que são menos favorecidos e com a qualidade do meio ambiente gera uma sensação de pertencimento a uma causa maior.

Relacionamentos positivos é o que significa a letra "R". Positivos em todos os sentidos. Blinde-se. Afaste-se de notícias ruins, rodas de bate-papo de assuntos negativos e pessoas pessimistas, negativas. Isso não é uma sugestão ao isolamento e alienação, em certos momentos temos que conviver e lidar com isso, porém quanto mais conseguirmos evitar, melhor.

Significado é o que representa a letra "M". Dar importância aos eventos que estão acontecendo no aqui e agora, utilizar o tempo de maneira produtiva e inteligente – seja para o desenvolvimento pessoal, seja para os *hobbies*, lazer ou para gerar os resultados empresariais –, nos impede de viver em piloto automático.

"A" diz respeito às realizações. No mundo B.A.N.I., é fácil se deixar levar pela ansiedade e tirar os olhos das conquistas, deixando de reconhecê-las e dar seu devido valor. É muito importante reconhecer e celebrar até mesmo as pequenas conquistas. O cérebro humano gosta de recompensas. Quando nos permitimos a recompensa, mesmo nas pequenas conquistas, nosso sistema passa a desejar mais. A constante busca pela melhora nos mantém motivados e em movimento para a realização de objetivos, bem como viver por um propósito maior.

Querido leitor, te agradeço por ter me acompanhado por estas linhas. Apesar de duras, essas palavras são minha maneira de contribuir com você, com seu *mindset*, seu senso de realidade e de liderança. Estamos vivenciando um cenário nunca visto ao longo de toda a nossa existência. É preciso entender que as estratégias do passado não garantem certeza de sucesso no presente, muito menos no futuro.

Mostrei bases, conceitos e fundamentos com embasamento de grandes estudiosos, investi e ainda invisto muito no meu autodesenvolvimento e aprendizado contínuo. Procurei condensar de forma rápida e simples o que tenho aprendido e também o que faço para lidar com o Mundo B.A.N.I., do qual inevitavelmente também faço parte. Se eu pudesse te dar um conselho final, este conselho seria: seja brilhante no básico, nos conceitos e nos fundamentos. Não tente reinventar a roda sozinho, use as rodas que já existem e aprenda a colocá-las em movimento. Movimento rápido, contínuo e, acima de tudo, movimento em seu favor. Desejo do fundo do meu coração que você e os seus permaneçam bem.

Um forte abraço, com amor, Claudio Assencio.

Referências

TIGGELAAR, Ben. MBA *in One Day* – O livro. 2016. p. 99-104. SBCoaching Publishing – São Paulo.

VICTORIA, Flora. Florescimento na Prática. 2018. p. 95. *SBCoaching Publishing* – São Paulo.

7

A IMPORTÂNCIA DE FAZER UMA NOVA CONFIGURAÇÃO MENTAL DIÁRIA É FUNDAMENTAL PARA DETERMINAR OS PENSAMENTOS E COMPORTAMENTOS DOS SERES HUMANOS

Atitudes que temos diante dos obstáculos definem quem somos e reforçam aquilo em que acreditamos.

DANI MAURICIO LIMA

Dani Mauricio Lima

Diretor e sócio da empresa Danny Mauricio Consultoria Imobiliária. Corretor de imóveis. Gestor de negócios imobiliários, *Marketing Business-innovation*. Corretor *coach*, formação internacional *Coaching Integral Sistêmico*. Formação líder *training*, técnico em Transação Imobiliária, coautor do livro *Corretor coach*, formação na área do mercado imobiliário, segurança e autogestão em condomínios residenciais, segurança patrimonial, performance em administração de moradia condominial, curso em capacitação de empreendedorismo pelo Sebrae. Outras qualificações profissionais com três cursos profissionalizantes pelo Senai, além de formação técnica em mecatrônica. Ex-piloto de provas da General Motors do Brasil (10 anos de multinacional). Bacharel em Educação Física, modelo, ator de *casting*. Ex-militar das Forças Armadas: Exército Brasileiro/Força Aérea Brasileira, atleta amador de tênis.

Contatos
www.dannyimoveis.com.br
dannyimoveis@outlook.com
Instagram comercial: @danny_consultoria_imobiliaria / @dani_mauricio.oficial
Facebook: @Dani Mauricio / @dannyimoveis
19 99945 7184

Nunca lhe deram oportunidade? Mas você já pensou em criá-las por si próprio?

Napoleon Hill

Em vez de buscar culpados por um problema, busque por uma solução. O mundo sofreu um golpe muito duro devido à pandemia, mas podemos tirar grandes ensinamentos desse momento vivido por todos. É necessário reconhecer que as coisas e muitas relações não serão mais as mesmas, mas também é importante ter uma cabeça aberta para a transformação do seu *mindset*.

> A palavra "crise", do grego *krisis*, era utilizada por médicos para designar quando o doente era medicado e entrava em estado de desfecho. Portanto, crise poderia significar a morte ou a vida: uma fase difícil de transição entre a penúria (depressão) e a prosperidade. Essa passagem permite avaliar quais são nossas potencialidades pessoais e empreendedoras. É a partir da crise que se encontra a certeza do caminho certo. (VHIEIRA, Arnaldo, 2016. *Revista Exame*)

O novo normal será tudo aquilo que começar a dar certo e trazer resultados, ainda que isso signifique um maior distanciamento dos clientes no aspecto físico. De modo geral, após fases difíceis, a humanidade mostrou uma capacidade muito grande de superação e vontade de dar a volta por cima em novos recomeços.

Expectativas são criadas como consequência daquilo que ouvimos, assistimos e vivenciamos, validando como verdade para nossa mente. Precisamos ter coragem com visão apropriada para se movimentar e seguir em frente diante das adversidades.

O sentimento de medo não pode paralisar as ações do empreendedor. É necessário coragem para construir, visão apontada para o futuro e energia para a continuidade de projetos, trabalhos e paixão pelo que faz.

Nada pode deter uma pessoa com direção e foco no projeto, mesmo diante de qualquer crise. O espírito determinante do empreendedor que quer crescer e ser bem-sucedido deve seguir adiante sem colocar a culpa nos fatores externos. Muitas pessoas gostam de reclamar e acabam gerando murmuração, conduzindo outras pessoas também ao sofrimento por uma frustação e sentimento de insegurança, ao ponto de o indivíduo não ser capaz de produzir mais nada.

Crie uma mente blindada e tenha padrões de qualidade para rápidas tomadas de decisão, assuma responsabilidades, trabalhe com planejamentos. Sempre tenha mais de um plano, trabalhe com metas claras e objetivos desafiantes, mas alcançáveis, com meios de viabilidade baseados em tempo definido.

Quando existe uma meta clara, o empreendedor valoriza sua independência e autoconfiança. Cabe a ele manter um alto padrão de pensamentos. Não se deixar moldar por padrões de outras pessoas ou paradigmas da sociedade. Manter-se confiante e otimista é fundamental para o sucesso do empreendimento.

No início da pandemia, ao passo que muitas pessoas perderam muito financeiramente, outras lucraram como nunca antes diante do cenário individual de seu produto e negócios. Esse cenário tem profunda relação com os indivíduos com os quais você se relaciona, especialmente seu agente de negócios.

É preciso que um aspecto fique claro: é necessário realizar um negócio que transmita confiança ao cliente, entregando um atendimento de excelência. O dinheiro se torna uma consequência do seu negócio. Tive exemplos dentro da minha área de atuação que foram bem-sucedidos. A confiança do cliente frente ao profissional faz toda a diferença.

Recentemente, tive a oportunidade de vender imóveis para clientes que moram em outro país, bem como outras cidades aqui mesmo no Brasil – tudo isso utilizando apenas meu *smartphone*. É possível fazer uma negociação desta maneira, desde que você não coloque barreiras limitando sua área de atuação. Os clientes estão aí, necessitando de um bom atendimento. Inovar sempre será uma boa ação.

O novo normal será caracterizado pelas práticas bem-sucedidas que aplicamos no nosso dia a dia. Viver bem com a capacidade de produzir e usar as ferramentas que existem a nosso favor – as redes sociais, a tecnologia, ainda que por vídeos ao vivo ou gravações de mídia.

É necessário enxergar o mercado. O momento muda a cada instante, independentemente da situação atual de uma crise mundial. A capacidade de interpretar cada cenário e ter uma boa visão de futuro é fundamental. Melhore seu *feedback* com os clientes e fornecedores, sua equipe e direção.

Ter resiliência nas situações presentes é uma habilidade a ser desenvolvida. Seja resiliente. Nunca deixe de acreditar, seja otimista, o sol sempre irá brilhar depois de um período de chuva.

Faço minhas considerações finais: tire tempo para cuidar de sua saúde, faça regularmente exames, siga as recomendações do seu médico, pratique atividade física pelo menos três vezes por semana, procure orientação de um profissional de educação física. Por último, tenha a experiência de jogar tênis, uma modalidade esportiva incrível e que ensina a todo instante. Recomendo jogar tênis independentemente da sua idade. É um esporte para todos, seja recreativo, lúdico, social ou de alto rendimento. Faça viagens, vá ao teatro, assista a um bom filme no cinema, leia bons livros. Todo o dinheiro que utilizamos no passeio, momento *relax*, acaba se tornando um investimento. Investir na vida vale cada centavo, pense nisso! Grande abraço, desejo sucesso em sua jornada de vida, amigo(a) leitor(a).

Sacadas: o novo normal dará força ao *home office* e a interação com *lives* nas redes sociais será um divisor de águas. Vale a atenção ao segmento. Vídeos no *YouTube* consolidam a marca, pense nisso!

Agradecimentos

Agradeço primeiramente a Deus pela graça da vida, e também à minha esposa Monique Campos de Souza Lima, ao meu filho amado Pedro Lucca de Souza Lima, nosso campeão, escolhido de Deus, e também ao nosso futuro filho, que em breve nascerá; já o amamos. Agradeço a todos os amigos! Muito obrigado pelo apoio da TV Sol Comunidade, estação de televisão em Indaiatuba/SP, ao Indaiatuba Clube, no qual sou sócio e treino como atleta amador de tênis, e aos amigos Persio Bueno, Rafael Peres, aos treinadores Lincoln Varella e Jorge Edmundo (Tuba). Agradecimento ao Felipe Rosa, parceiro *brother*, sócio-proprietário do My Sushi Restaurante e My Sushi Temakeria Indaiatuba.

Agradecimento especial aos amigos Rafael Cheavegatti, Felipe Milezi, parceiros da Haus Arquiterura – Construtora Especialista em Projetos Residenciais. Ao Valdir da Silva, da JL Terraplanagem, ao Rodrigo, da Lofts, ao Alê e toda a sua equipe da Lofts Incorporações, ao Glauco, da Luxor Engenharia, com toda a diretoria e sua equipe, ao Alberto Pinheiro, Breno e toda a equipe da Pinheiro Incorporações, ao corretor parceiro Marcos Cardoso, aos amigos Gabriel e Lulí da GPCI e todo o seu time de colaboradores, aos diretores Eduardo e Rodrigo da IBEN Engenharia, ao Beto Masotti e toda a sua equipe, e aos amigos Cerezuella Empreendimentos, Sr. Toninho, Leonardo e Fernando.

Agradeço ao prefeito de Indaiatuba/SP, Nilson Gaspar, e seu vice Dr. Tulio, aos vereadores da câmara municipal, ao amigo Dr. Fernando Jaguaribe (Kiko), ao Renato Pessoa, aos diretores da construtora Congesa e seus colaboradores, abraço em especial ao Rodrigo e ao Athos Mazzoni, ao mestre e professor Humberto Panzetti, ao fotógrafo Sacha Ueda, ao Johnny Toledo – Arquitetura e Construção.

Agradeço de forma especial a meus pais William de Lima e Alicia Martin, meus irmãos Stefan Luck e Melien Malene, que sempre acreditaram e ainda acreditam em nossos sonhos e desafios. A todos vocês, muito obrigado pelo carinho e afeto. Agradecimento especial para Dona Neiva e Sr. Adilson, pessoas incríveis, meus sogros.

Agradeço a todos os familiares próximos e distantes, pela amizade e afeto, em especial aos meus avós, Ruth Ciampone de Lima, João de Lima e Maria Aurélia Arruti e ao meu avô de coração, sr. Antonio da Silva, direto da Ilha da Madeira em Portugal. Grande abraço aos familiares da Itália, família Ciampone. Abraço também aos familiares de Joinville/SC. Saudades dos familiares da Argentina, beijo no coração dos tios, tias e primos. Abraço especial aos parentes queridos que vivem nos Estados Unidos, Juliana, Vitor, Davi e Victoria.

Agradeço a todos os amigos de jornada, seja em qual for a etapa da vida, se cruzamos nossas jornadas, certamente ali eu aprendi algo e me ajudou no crescimento e amadurecimento de vida! Agradeço aos meus seguidores, de todas as redes sociais, vocês fazem parte do meu sucesso pessoal, deixem sempre suas curtidas, seus *likes*. Os que ainda não são clientes também. Agradeço à editora Literare Books, pela oportunidade e participação do projeto Corretor Coach, e agora o projeto Mindset – Novo normal empreendedor. Desejo sucesso e vida longa nesta parceria. Agradecimento em reserva especial vai para meus clientes, meu muito obrigado a todos vocês que confiaram e confiam em nossos serviços prestados e dedicação. Dedico esta saudação também aos futuros clientes e aos leitores deste projeto. E assim registro um abraço apertado a todos, e lembrem-se: busquem a alta performance para a vida, vale muito a pena!

"Pois nada é impossível para Deus" – LC1:37.

Referências

BÍBLIA, N.T. Lucas. *Bíblia sagrada*. SBB, 2018.

DESIDÉRIO, M. *6 dicas para enfrentar a crise na sua empresa*. Disponível em: <https://exame.com/pme/6-dicas-para-enfrentar-a-crise-na-sua-empresa/>. Acesso em: 6 maio de 2021.

HILL, N. *O Poder da autorresponsabilidade*. 9. ed. Gente, 2017.

8

AS NOVAS IDEIAS COMEÇAM COM VOCÊ

Este capítulo tem a finalidade de ajudar o leitor a adquirir novos conhecimentos úteis no seu dia a dia. Estabeleça regras para manter seu foco e alta produtividade. É importante que metas também sejam criadas e, ao batê-las, bonificações sejam concedidas. Isso fará com que você não fique entediado e o auxiliará a manter seu foco durante o trabalho. Tente sempre fazer algo que agregue valor a você e sua equipe. O aprendizado com os colegas também é uma ótima maneira de adquirir resultados melhores. Tenha sempre o intuito de evoluir e trazer novas ideias, utilizando a tecnologia a seu favor.

1. Ideias valem muito mais que dinheiro, basta saber aplicá-las;
2. Tenha foco, produtividade e planejamento diariamente;
3. Trabalhe com a tecnologia a seu favor e não contra.

DANIEL FERREIRA

Daniel Ferreira

Corretor de imóveis, cursando Geoprocessamento na Faculdade de Tecnologia de São Paulo. Formou-se no SENAI em curso de Redes de Computadores. Trabalha com vendas de imóveis na região do Vale do Paraíba e também faz gestão de anúncios de empresas na região. Atualmente, dedica-se a aprender novas formas de utilizar a tecnologia para os negócios com intuito de atender novas empresas e gerar maior resultado de vendas.

Contatos
danielfereira1@gmail.com
Facebook: apesbrs
12 99675 6181

Intraempreendedor

Neste tópico, vamos falar do intraemprededorismo em seu trabalho. Onde você iria empreender para trazer mais lucros para a sua empresa e para você mesmo? Seja em um emprego formal ou em um trabalho como autônomo, é muito importante que você se comunique bem com todos ao seu redor, principalmente com aqueles funcionários que já alcançaram resultados diferenciados – com eles, você poderá aprender lições importantes, bem como observar os erros que cometeram e quais ferramentas utilizaram para melhorar.

Contudo, sempre filtre o que a pessoa está te ensinando, pois nem todos os ensinamentos serão exatamente o que você precisa. As pessoas funcionam de modos diferentes e, o que foi bom para o seu colega, não necessariamente será bom para você. Ou seja, sempre diversifique e veja se realmente vale a pena.

Além disso, sempre pergunte ao seu gerente quais as ferramentas que podem ser úteis ao seu trabalho. Isso irá aumentar seu *networking* na empresa e você terá acesso a novas *mindsets* de como produzir mais. Toda vez que algum funcionário ou gestor apresentar uma ideia, avalie se não é uma ideia negativa para que não haja problemas. Sempre converse com todos e seja humilde. Nunca esnobe seus colegas de trabalho, pois com eles sempre surgirão oportunidades, tanto de aprender, quanto de ensinar, seja qual for a sua área. Com isso, você conquistará a confiança de seus companheiros de equipe, podendo sempre contar com eles em projetos em grupo e trazer mais resultados.

Outro ponto importante é: faça sempre mais. Entregue mais do que os seus gestores esperam; assim, você conseguirá melhores resultados. O mercado digital é um ponto importante, especialmente no período que temos vivido. Fazer anúncios nas redes sociais é uma excelente forma de obter novos clientes, mas é necessário estudar sobre o seu produto antes e conhecer muito bem o seu nicho de vendas.

Ao produzir além do que esperam de você, bem como seguir os passos dos melhores funcionários da empresa, você adquire experiência para crescer dentro do seu ambiente. Dessa forma, seus liderados verão como um funcionário diferenciado sempre está disposto a levar novos resultados para aumentar o lucro da empresa e a qualidade do trabalho. Além disso, ao longo desse processo, você também constrói vínculos e amizades, pois a base de um bom trabalho está na confiança e no bom relacionamento.

Se você é responsável por liderar uma equipe, converse com ela, esteja sempre à disposição. Trabalhe para o surgimento de novas ideias, escute outros companheiros que estão na mesma área, faça pesquisas, se mostre proativo.

No entanto, é importante que você verifique se o momento para trazer novas ideias é propício. Seus liderados podem estar ocupados demais ou não estarem em um dia bom – verifique se eles estão abertos a novas ideias e também se é o momento certo para você trazer seu *mindset*.

A boa comunicação com seus liderados é fundamental. Respeite suas opiniões – eles sempre terão algum motivo para pensar dessa maneira e o seu trabalho é articular todas as ideias, de modo que cheguem a um consenso.

Onde eu trabalho, vimos diversos exemplos de intraempreendedores. Um deles foi um gerente que resolveu fazer anúncios em páginas com mais seguidores na internet na cidade, a fim de obter novos clientes – ele havia aprendido com outro gerente, campeão de vendas de outra regional. Além de trazer novos lucros para a empresa, aumentou nosso funil de clientes. Um bom trabalho feito por um bom funcionário.

Outra dica que uso bastante é: sempre triplique sua meta. Se a sua meta é três, tente fazer nove. Pode acontecer de você não conseguir bater sua meta pessoal, mas isto irá mudar seu *mindset*. Você acordará todos os dias querendo fazer alguma coisa nova. Seja focado todos os dias. Pense nisso antes de dormir e acordar. Isso fará você acordar mais motivado e sempre disposto a alcançar um resultado diferente.

Em um mês, meus líderes me deram uma meta para três vendas. Estava motivado a fazer oito vendas, acabei batendo a meta do meu gestor em uma semana. Por fim, acabei não batendo minha a meta pessoal, fiz apenas cinco vendas ao invés de oito. Contudo, aprendi a sempre colocar metas altas: você se esforça mais e quer sempre resultados melhores.

O resumo é: aprenda com quem tem resultado diferenciado; faça mais do que seus líderes pedem. Seus colegas passarão a te olhar de modo diferente.

1. Aprenda com quem tem resultado.
2. Saia da mediocridade. Faça mais do que te pedem.
3. Ajude a todos se quer que os outros te ajudem.

Produtividade

Vamos falar de um tópico importantíssimo para que você, empreendedor, obtenha sucesso em seu negócio ou em seu emprego. É a produtividade que te levará até o seu objetivo no empreendedorismo.

Lembre-se de que as profissões mais bem pagas no Brasil em regime "CLT" exigem uma alta concentração. Seja um cirurgião, um piloto de avião ou um programador: nessas profissões, se há qualquer distração, o profissional perde o controle do que está fazendo. Você nunca vai ver um cirurgião parando por dois minutos em uma cirurgia para checar suas redes sociais. O mercado de trabalho exige muita concentração e foco, então valorize seu tempo.

Quando comecei com vendas, não tinha clientes nem contatos, não tinha ideia de onde poderia começar a vender. Foi preciso me sacrificar um pouco. Sempre tive dificuldades para acordar cedo, entretanto, passei a fazer isso. Chegava uma hora antes dos meus colegas de equipe. Isso me dava uma hora a mais para poder buscar mais clientes. Você pode usar esse "*insight*" de várias formas: começar a trabalhar três horas antes de seus concorrentes ou trabalhar de madrugada com marketing digital no seu negócio. Tente arrumar horas a mais para buscar um resultado diferenciado, mas lembre-se: você pode perder dinheiro e recuperá-lo depois, mas o tempo com sua família não volta, então, valorize cada minuto da sua vida.

Uma dica que dou é: se possível, use aplicativos e sites que bloqueiam o uso de redes sociais e jogos na hora do seu trabalho, para que haja mais concentração. Deixe isso para a hora do seu almoço ou para os finais de semana.

Como havia comentado, sempre tive dificuldade para acordar cedo. Isso foi necessário, pois meus clientes já estavam acordados e era o momento certo para entrar em contato com eles. Tive de traçar uma estratégia, pois só acordar e não produzir não adiantaria; eu ficaria distraído no celular, voltaria a dormir ou ficaria procrastinando na cama. Comecei a usar um aplicativo no qual organizo minhas tarefas diárias. Além disso, gosto de rezar, meditar, tomar banho gelado e praticar esportes – isso tem me fortalecido.

Algumas tarefas me ajudavam a ficar mais concentrado, pois sempre fui uma pessoa bem distraída. Se eu não tivesse foco, não conseguiria alcançar alguns dos meus objetivos. Essas tarefas que citei me ajudaram a entrar no caminho para alcançar meus principais objetivos. Isso me faz acordar mais motivado e com mais vontade de realizar meus sonhos. Já agradecia antes pelo meu objetivo ainda não conquistado (você pode adaptar suas orações ou meditação de acordo com o seu estilo de vida e/ou religião; o intuito não é ensinar uma doutrina religiosa, mas sim treinar seu subconsciente para que você alcance suas metas). Fazer exercícios físicos, como correr na rua, me fazia sair da zona de conforto (isso você pode fazer sem gastar dinheiro). Eu também fazia os exercícios no meu quintal, e a caminhada nas proximidades da minha casa; em seguida tomava um banho gelado e novamente saía da zona de conforto. Sempre pensava que, se eu aguentava tomar banho gelado às 7 horas no inverno, eu também conseguiria alcançar metas difíceis, pois estava fazendo a coisa que eu mais odiava. Além disso, treinava um pouco do inglês. Tenho o objetivo de ser fluente nesse idioma.

Outro ponto importante para você bater suas metas é já colocar essas dicas em prática. Se você tiver uma ideia, faça pelo menos 5%, pois se pensar e não agir, não conseguirá bater suas metas, sempre vai procrastinar e deixar para fazer em outro dia, o que provavelmente não acontecerá. Se tiver uma ideia, execute-a o mais rápido possível. Dê o primeiro passo. Não se esconda atrás da desculpa da falta de tempo ou dinheiro, trace uma estratégia para bater a meta. Se o problema for financeiro, guarde mais o seu dinheiro para o objetivo ou tente fazer uma renda extra; se for tempo, corte atividades que não acrescentam nada, ou vá realizar um objetivo bem cedo ou de madrugada. Se você tem um sonho, pare de só ficar imaginando-o. Coloque-o no papel e aja!

1. Trabalhe como um cirurgião: sem distrações.
2. Trabalhe mais que seu concorrente.
3. Bloqueie suas distrações.
4. Organize seu cotidiano.
5. Se cumprir as metas, dê brindes para si mesmo.

Aumente seus clientes com a tecnologia

Este tópico é importantíssimo para quem quer vender. Nesta geração, vemos o domínio total da internet. Como todo mundo sabe, se o seu trabalho não estiver nas redes sociais e não tiver anúncio pago, você não alcançará resultados diferenciados.

Sempre que possível, organize suas redes sociais e invista pesado em marketing para a sua empresa – assim, você vai obter novos clientes para segmentar seu público-alvo. Procure sempre publicar conteúdo e coisas que seu público-alvo goste de fazer, para aumentar o engajamento.

Crie promoções por tempo limitado. O cliente provavelmente terá a sensação de que o produto está acabando, antecipa a compra, e isso gera uma valorização maior daquilo que você comercializa.

Outra dica bem importante é sempre ter um bom *networking* com grandes páginas na internet, a fim de aumentar o seu funil de vendas pois elas têm mais seguidores e podem trazer novos clientes com público-alvo alto e engajado. Existem várias formas de vender pela internet. Procure uma que mais combine com o seu perfil e lembre-se:

1. Empresa sem anúncio pago não cresce.
2. Crie promoções por tempo limitado.
3. Faça parcerias com páginas muito acessadas e com grande número de seguidores.

Referência

AGÊNCIA SEBRAE DE NOTÍCIAS. *Empreender é desejo da maioria dos jovens.* Disponível em: <http://www.agenciasebrae.com.br/sites/asn/uf/NA/perfil-do-jovem--empreendedor-brasileiro,2ded471583858610VgnVCM1000004c00210aRCRD>. Acesso em: 17 jan. de 2019.

9

O PODER DE SER VOCÊ

Desde a criação do mundo, nenhum indivíduo nasceu igual a você. Suas características e seu jeito particular de ser é apenas seu – e isso te dá poder. E se a pandemia fosse a mola propulsora para trazer à tona toda a sua potência, toda a energia peculiar indiscutivelmente sua, a qual poderá ser de grande contribuição para você e para o planeta?

DEISI ADRIANE TEIXEIRA VAL

Esteticista graduada pela Universidade do Norte do Paraná (2014), com pós-graduaçao em Psicanálise pela Associação Brasileira de Psicanálise (DF). É massoterapeuta desde 2004 pela instituição Ibrate e facilitadora de Barras de Access pelo Access Consciousness.

Deisi Adriane Teixeira Val

Contatos
deisi_val@hotmail.com
Facebook: deisi.val e deisivalmassoterapia
Instagram: @deisival
43 99137 7747

> *O que dificulta a expansão da consciência é o fato de que estamos "dentro de uma caixa", que não admite que entre nada que não se encaixe nela.*
> Hélio Couto

Após 365 dias do início da pandemia do covid-19, muito tem se falado e experienciado sobre o novo normal, mas o que vem a ser isso? Como sobreviver a algo inédito, que o mundo nunca havia presenciado? Os novos tempos exigem uma postura corajosa e, arrisco dizer, audaciosa, tal qual a de um lutador de artes marciais que prepara, arduamente, físico e emocional para seus combates no dia a dia.

Diversas donas de casa começaram a fazer e comercializar pães caseiros para ajudar no orçamento familiar. Ou a *personal trainer* de Educação Física que deixou de dar aulas na academia e agora sobrevive feliz da vida com o preparo, venda e entrega de marmitas *fit*. Até mesmo o dono de lanchonete que, por conta da determinação do governo de ficar com portas fechadas, passou a fazer seus lanches com pedidos via *Facebook*.

Esses exemplos me fazem lembrar da história de Antonio (nome fictício), um advogado que deixou para trás 17 anos de direito e escolheu se tornar professor particular de lutas. Isso parece ser loucura, mas não em 2020, o ano da Pandemia. O ano em que tudo era algo a ser considerado.

Deixe-me explicar melhor: Antonio precisou se reinventar. Deixar o direito não foi algo planejado, muito menos sonhado. A empresa em que ele trabalhava desde a sua formatura simplesmente o dispensou bem no início da pandemia do covid-19, o que, segundo palavras dele, o deixou sem chão, pois não tinha uma rede de *networking* nem carteira de clientes para se lançar na carreira solo como advogado.

Nessa hora, o desespero bate, as possibilidades se esgotam... E o que sobra? Dúvidas, dúvidas e mais dúvidas. À primeira vista, pode parecer o pior lugar para se estar, mas tenho uma opinião um pouco diferente a respeito disso, explicarei melhor adiante. Se temos uma dúvida, qual a primeira e única coisa a se fazer? Perguntas!

A importância de fazer perguntas

Perguntas abrem espaço, empoderam, expandem, trazem consciência. É nesse momento que as respostas chegam e as infinitas possibilidades se tornam mais acessíveis, mais consideráveis. Qual pergunta Antonio fez? O que passava em sua mente assim que recebeu sua demissão e se viu, em plena pandemia, sem salário garantido, sem perspectivas profissionais, sem um emprego no dia seguinte?

Simples: ele jogou pro universo com toda a sua energia, aquela energia que nos move e faz vibrar um belo e sonoro: *O que vou fazer da minha vida?* A pergunta sempre empodera, sempre te dá mais possibilidades de escolhas. A resposta, pelo contrário, não tem esse efeito. Quando tenho a resposta, as possibilidades se encerram e aquilo que poderia ser muito mais grandioso é limitado pela definição.

E se escolher fosse tudo que se requer para uma nova realidade?

No filme *Mrs. Nobody*, de Jaco van Dormael (2009) um personagem diz a seguinte frase: "enquanto não escolho, tudo permanece possível".

Deixe-me explicar melhor: somos brasileiros e temos uma cultura muito latente, pautada no ponto de vista e opinião das outras pessoas, sejam elas familiares, amigos ou a sociedade, em relação às nossas escolhas. Esses pontos de vista são, em sua maioria, limitantes, pois geralmente se originam da criação familiar, na qual repetimos padrões sem sequer pensar a respeito, sem ao menos pensar se aquele padrão de pensamento funcionou para nossos pais, e que talvez não sirva mais para a nossa geração, a qual tem acesso ilimitado à informação, seja de que ordem for.

Nesse sentido, como destruir o peso desses pontos de vista, crenças limitantes e julgamentos que nos impedem de acessar a nossa maior potência? Simplesmente seja você mesmo. Você sabe o que te faz bem ou mal! Somente você sabe onde o sapato aperta, já que o caminho é unicamente seu!

Todos somos dotados de dons e temos particularidades que, se não forem acionadas a partir das nossas escolhas, talvez o mundo fique privado de toda a maravilha da nossa potência. Você é um ser único, não se esqueça disso! Antonio fez a pergunta e a resposta veio por meio de algo praticamente impensável: se tornar *personal* de krav-maga, arte de defesa pessoal israelense. Ele já era graduado nessa técnica, porém não tinha pretensões de sobreviver de aulas.

Lembrando que, naquele período, as academias estavam proibidas de funcionar por conta da pandemia, e ser *personal* naquele momento ia ao encontro das necessidades das pessoas com poucos horários disponíveis para treinar em horário convencional, que também estavam altamente ansiosas e estressadas, cenário em que o exercício físico é extremamente importante.

E aquilo que era uma atividade física acabou virando um *hobby*, depois paixão, para então tornar-se o seu trabalho e sua fonte de renda, já que o Krav-maga o vem sustentando desde então. Se isso não for um belo exemplo de sucesso de adaptação ao novo normal, eu já não sei mais o que seria, pois Antonio, ainda que perdido por conta da demissão, se permitiu explorar mais em sua mente as possibilidades que ainda lhe restavam.

Às vezes, nos fechamos junto com as portas que se fecham à nossa frente. Perdemos o rumo, mas perdemos ainda mais quando não temos fé em nós mesmos, em nossa potência de ser e criar mais para nós e para todo o restante do planeta. Você tem condições de criar a sua realidade. As circunstâncias são somente os limites para você alçar novos voos.

E como criar essa nova realidade?

A partir das escolhas que fazem sentido pra você, naquelas em que você se sente vivo, que te fazem sorrir, que são leves. As pessoas têm o péssimo hábito de criticar aquilo que desconhecem e, muitas vezes, sem quase nenhum conhecimento de causa.

Provavelmente, se Antonio fizesse uma pesquisa buscando a opinião das pessoas a respeito de continuar advogando, ainda que sozinho, ou partir pra esse novo e incerto caminho de dar aulas de Krav-maga, a lista de prós e contras seria surpreendente, pois opiniões pessoais são apenas opiniões – não são regras e, muito menos, previsões seguras do futuro. Se assim fosse, seus alunos perderiam toda essa potência que ele tem sido enquanto *personal* de Krav-maga, para continuar sendo mais um advogado ansioso lutando por clientes neste mundo.

E aí eu pergunto, Antonio, você está trabalhando menos agora? Pelo contrário, as vezes levanta antes das 6hs da manhã e vai até as 20hs da noite, mas a satisfação e alegria em fazer aquilo em que ele pode ser sua maior potência é totalmente recompensadora. O momento é de ressignificação. Escolher a cada segundo aquilo que te faz único. O que nos impede de escolher mais por nós e menos para os outros? Que crenças limitantes ainda estão tão arraigadas em nosso íntimo que nos fazem frear nossos impulsos e nos impede de ativar aquilo que faz nosso coração vibrar?

Se manter no espaço do emprego garantido porque ele te proporcionará uma aposentadoria no final da sua vida, mas, e se esse mesmo emprego te causar um colapso nervoso, o que você viveu? Nesse período, você teve momentos para você?

A vida passa incrivelmente rápido quando chegamos na meia idade; é como se estivéssemos andando de trem e aquelas paisagens meio desfocadas que passam correndo aos nossos olhos fossem os dias vividos ficando pra trás.

Como seria sair do piloto automático e assumir sua vida com toda a paixão?

O piloto automático é um modo de sobrevivência, no qual você só repete a programação, vive quase que inconscientemente, sem sabores novos, sem emoção. Desativá-lo seria como tomar o controle de sua vida nas mãos a partir das suas escolhas.

Lembre-se daquele curso que você fez muito tempo atrás e que, ao escolhê-lo, havia muitas promessas de realização. Busque aquela energia, ainda que esse curso tenha sido esquecido em alguma gaveta, seja por falta de incentivo de terceiros ou alguma frustração pessoal.

O real motivo de fazermos coisas, arriscarmos, experimentarmos é porque há vida latente, que pulsa incessantemente em nossas veias, mas nós paramos ao menor sinal de reprovação, de julgamento, inclusive autojulgamento, em que procuramos o tempo todo o errado em nós mesmos, ativando novamente o piloto automático.

Quão confortável é viver na ordem, quão desconfortável é viver no caos?

Somos treinados, desde bem cedo, a viver na ordem, na programação, na previsibilidade, pois dessa forma tudo seguirá o curso normal de vida; mas, e quando uma pandemia assola o mundo? A ordem perde espaço e o caos se faz presente em todas as esferas. Viver no caos, à primeira vista, seria algo impensável, correto? Não para Antonio, que precisou ver sua vida virada de cabeça para baixo para considerar infinitas possibilidades de vida.

No caos, tudo é possível. E se esse caos pudesse trazer sua máxima potência para fora?

Percebemos, ao longo desse ano, que muitos segmentos profissionais que não se adaptaram ao "novo normal" sucumbiram, ao passo que muitos outros cresceram consideravelmente ao se permitirem incorporar o caos da pandemia e adequar seus serviços e produtos à demanda momentânea e, por que não dizer, permanente.

Os que resistiram aos serviços on-line, cederam. Os que não consideravam fazer *delivery*, não tiveram outra opção.

Problemas nem sempre devem ser solucionados. E se os ignorássemos?

Percebemos que estamos rodeados de pessoas que amam ser solucionadores de problemas, que quando um é solucionado eles logo arranjam mais problemas para ter mais e mais o que fazer.

Antonio tinha problemas, sim, mas ele visualizou além dos problemas. Seus potenciais alunos tinham suas demandas e, aquilo que parecia ser o fundo do poço foi, na realidade, um grande impulso para algo muito maior. Seus problemas financeiros foram resolvidos com as aulas particulares que ele conseguiu. Seus problemas de ociosidade foram solucionados quando seus alunos passaram a agendar horários; e esses mesmos alunos tiveram seus problemas de horário, de estresse e de ansiedade resolvidos ao frequentarem as aulas de Krav-maga.

Temos a ilusão de que, se um problema surge, o correto é empenhar toda a energia disponível em sua solução. Mas, na realidade, depois de um problema resolvido temos mais dois ou três para lidar, e assim entramos em um ciclo sem fim, problema-solução-problema. O sentimento de exaustão emocional acaba por dominar nosso ser e nos faz experimentar constantes sentimentos de frustração.

Não precisa ser assim!

Você já experimentou a leveza das escolhas? Quando chega em um restaurante e aquilo que escolheu no *menu* vem exatamente como você pediu – ou te surpreende sendo ainda melhor, qual a sensação?

Assim pode ser a vida. Em todos os momentos, temos a possibilidade de escolher o que beber, o que assistir, o que comer, o que vestir, onde ir, que carro ou casa comprar, nosso animal de estimação, enfim, tudo é escolha. "As oportunidades são como o nascer do Sol: se você esperar demais, vai perdê-las" (William Arthur Ward). Observe e perceba a leveza que suas escolhas lhe trazem.

Antonio fez suas escolhas e hoje também é escolhido por seus alunos, que também escolhem indicá-lo para seus amigos. Hoje, ele tem uma carteira de 50 alunos mensais. Financeiramente, recebe mais do que quando era encarregado de um setor jurídico de escritório de advocacia; trabalha, normalmente, de bermuda, camiseta e chinelos e disse que nunca esteve em melhor forma física e, por que não dizer, mental?

Percebe que o novo normal pode ser uma grande oportunidade para todos aqueles que ousarem escolher ser quem tentaram exaustivamente esconder?

Referência

HEER. Dain. *Sendo você, mudando o mundo.* Big Country Publishing, 2012.

10

MINDSET PARA O PROTAGONISMO EMPREENDEDOR

Este capítulo procura provocar reflexões sobre a necessidade de pessoas terem a flexibilidade cognitiva de mudar e se transformar – o *mindset* – associada à competência do Empreendedorismo. Em cenários cada vez mais complexos e sujeitos a constantes mudanças e transformações, inclusive comportamentais, é exigido um perfil diferenciado de colaboradores e talentos, que estejam dispostos a fazer a diferença como protagonistas neste novo mundo.

EDMIR KUAZAQUI

Edmir Kuazaqui

Doutor e mestre em Administração. Consultor Presidente da Academia de Talentos (consultoria e treinamentos). Coordenador do Grupo de Excelência em Relações Internacionais e Comércio Exterior do CRA/SP. Profissional de carreira em empresas multinacionais. Coordenador dos MBA's em Administração Geral, Pedagogia Empresarial: Formação de Consultores, Marketing Internacional e Formação de *Traders*, Compras, Comunicação e Jornalismo Digital, Gestão de Pessoas na Era Digital, *Start Ups*: Marketing e Negócios. Professor da ESPM. Professor de cursos de pós-graduação em instituições brasileiras. Autor de livros, destacando *Gestão de marketing 4.0: casos, modelos e ferramentas*, *Marketing para ambientes disruptivos* (Literare Books), *Relações internacionais: desafios e oportunidades de negócios do Brasil* (Literare Books), *Administração por competências* e *Marketing cinematográfico e de games*. Palestrante com ampla vivência em mercados internacionais.

Contatos
www.academiadetalentos.com.br
ekuazaqui@uol.com.br
11 99154 2435

Premissas

Escrevo este capítulo, que representa o que penso e pratico, porém nunca sem algum fundamento, experiência e/ou premissas. Tenho o doutoramento e diversas publicações nacionais e internacionais, dos quais se preconiza os conhecimentos fundamentados. A necessidade e vontade de contribuir e ser útil sempre direcionou as minhas ações, atitudes e posturas da minha vida. São muitos os casos em que disponibilizei dias adicionais e neurônios para orientar pesquisas científicas de alunos, bem como na orientação vocacional e atividades de responsabilidade social para a sociedade, sem – em nenhum dos casos – esperar uma contrapartida, seja ela qual for. Essa contrapartida, acredito que se trata de um agente motivador e propulsão: a simples doação para realizar a felicidade e desenvolvimento de outros. Derivo das experiências como profissional que sou e docente universitário em cursos de graduação superior, pós-graduação, treinamentos, capacitações e cursos livres. Então, tenho a vivência humana, acadêmica e profissional, que se conversam de certa forma. Tenho então as premissas.

Premissa é algo que considerado verdadeiro, baseada em operações intelectuais em equilíbrio com outras também consideradas verdadeiras. A gestão de negócios possui um conjunto de premissas que norteiam a abertura de um novo tipo de negócio, produto e/ou serviço e, assim, recomenda-se verificar se todas são atendidas para verificação da viabilidade aparente do negócio. Dessa forma, premissas podem derivar de práticas já consagradas, como também de operações mentais particulares de cada um, de acordo com as suas vivências e experiências pessoais, sociais e profissionais.

Contribuições

Pessoas devem contribuir positivamente para o desenvolvimento sustentado e harmônico da sociedade da melhor forma possível e existem duas opções básicas para colocar isso em prática:

- A contribuição pessoal, oferecida pela responsabilidade social, assistencialismo, filantropia, doações e outras ações endógenas para tornar o mundo um lugar melhor. Essas ações podem ser individuais ou mesmo em grupo. O que interessa é o seu movimento positivo.

- Oferecer suas contribuições pelo meio empresarial. Kuazaqui (2017 e 2020) reflete que a empresa desempenha importante papel social, por meio de suas contribuições econômicas que geram trabalho, emprego e impostos, o que já justifica a sua relevância na sociedade. Por outro lado, oferecem soluções por meio de produtos e serviços, que tornam melhor as nossas vidas.

Em ambas as categorias, temos a necessidade de conhecimentos devidamente apreendidos e aplicados de forma prática. Esse processo pode se tornar sistêmico, mas não repetitivo, pois o processo de apreendimento envolve conhecer, crer e praticar. Dessa forma, as atitudes e práticas dependem de como os indivíduos e empresas percebem o mundo onde estão inseridos, propondo soluções criativas e inovadoras. Quanto mais as pessoas, seja na esfera individual e/ou empresarial, contribuírem de modo positivo e proativo, sem necessariamente com contrapartida financeira, mas com uma conscientização verdadeira, os benefícios sociais estarão evidentes e potencializados.

Disrupção e transformação

Conforme Kuazaqui et al. (2017), mudanças e transformações podem derivar de ambientes turbulentos e por vezes incertos, denominados como disruptivos. A disrupção não é uma situação negativa, mas sim um desafio ou mesmo uma oportunidade, desde que os envolvidos entendam o que está acontecendo, tendo uma capacidade de diagnosticar o presente, simular cenários futuros e assumir as ações necessárias para garantir o sucesso. Disrupção, então, é a quebra de processos e atividades repetitivas que necessitam de colaboradores e talentos humanos com capacidade cognitiva para perceber as mudanças e assumir suas responsabilidades, tomando o seu lugar como protagonista. Muitos, por não terem a percepção de mudanças, que por vezes parecem sutis, atuam como verdadeiros coadjuvantes, meros expectadores que não se diferenciam dos demais.

Sem a necessidade de previsões e pensamentos meramente positivos, deve-se ressaltar que é você quem comanda os resultados dos jogos da sua vida. Depende de você, de suas posturas, atitudes e comportamentos, no sentido de selecionar, embaralhar e dar as cartas no momento adequado, para se obter os melhores resultados de maneira mais efetiva, com os menores recursos e esforços.

Para tanto, ao invés de "forçar a barra", a recomendação é no sentido de alcançar o que se quer de forma positiva e efetiva. Deve-se ter, em um primeiro momento – e em especial neste período de incertezas e desafios –, um pensamento mais racional e sistêmico, com planejamento e gestão mais fortes, para se definir objetivos claros e estabelecer metas plausíveis de acordo com cada cenário previsto. Isso requer saber onde você está, onde você deseja estar em um futuro distante e qual o melhor caminho e passos a serem seguidos. Uma gestão orçamentária e controle financeiro são essenciais para navegar de forma mais segura, mesmo em águas turbulentas. Isso é pensar racionalmente.

Consiste em um processo de resiliência e eliminação da procrastinação, para que, com passos largos, se atinja um "futuro de forma mais imediata". Por outro lado, nem todos têm a resiliência necessária para se adaptar às novas situações e desafios, no sentido de encontrar outros caminhos, soluções e assumir novos riscos e responsabilidades. Esse processo requer o período de mudanças e transformações que podem contribuir para o estresse, mas o importante é ter capacidade de voltar ao equilíbrio e à normalidade. E vamos então ao *mindset*.

Mindset

Todos têm formas de ser, pensar e agir. *Mindset* é exatamente isso. É a mentalidade particular a partir de configurações mentais adquiridas no decorrer de nossas vidas e de nossa visão de mundo, que refletem nas decisões e ações que assumimos. Para entender melhor, vamos exemplificar profissionais por categorias de classe, como os administradores, médicos e publicitários, pois cada um deles têm modelos mentais diferenciados.

Esses modelos mentais podem ser construídos a partir de preferências por cada área do conhecimento (como os das Ciências Sociais Aplicadas, Saúde ou Ciências da Terra), aprendizado de conhecimentos e práticas, bem como os objetivos esperados. Administradores podem ter comportamentos mais racionais (gestão), bem como os médicos mais humanizados (cura) e os publicitários mais criativos (comercial). Essa é uma visão reducionista e pode ser um ponto de partida, mas *mindset* é mais do que isso. Podemos categorizar por gerações – *Baby Boomers*, X, Y, Z e Alphas ou mesmo por origem étnica. Pode ser influenciado pelas nossas visões otimistas e pessimistas (e, poucas vezes, neutras) e constituído por nossas crenças e valores humanos e, portanto, com um lado mais humano, comportamental e menos cartesiano. Podem existir dois tipos de *mindset*:

- Fixo: parte do princípio de que as pessoas já nascem prontas, sendo difícil se desenvolver no decorrer dos tempos, como aqueles que têm dificuldades e criam barreiras quanto às mudanças provenientes da transformação digital, por exemplo. São resistentes às novas propostas e podem apresentar certo nível de insegurança nas suas ações, o que preconiza controle e supervisão. Consideram que pessoas nascem com talentos e dificilmente poderão incorporar mudanças e desenvolvimento. Geralmente focam suas atenções no problema e as variáveis que o norteiam, não necessariamente nas soluções. Por vezes, as pessoas têm uma visão um tanto que nada esperançosa do que poderá vir. Ameaça é um termo apropriado para essas pessoas.
- Progressivo, de crescimento e/ou evolutivo: quando as pessoas entendem e aceitam a ideia de desenvolvimento pessoal com mudanças e transformações, inseridos em um olhar sistêmico de aprendizado e desenvolvimento pessoal e profissional. Acreditam que seus resultados podem ser potencializados por meio de aprendizado contínuo. Geralmente focam nas propostas de soluções a partir do reconhecimento antecipado do problema. Apresentam uma visão mais otimista quanto ao futuro, norteando para atitudes e posturas mais positivas e construtivas. Oportunidade é uma palavra-chave para essas pessoas.

Entender a qual categoria de *mindset* você pertence é importante no sentido de identificar o nível e intensidade de predisposição daqueles que irão fazer parte do grupo de trabalho e projetos. Geralmente, pessoas que têm a predisposição aceitam mais o novo, as mudanças necessárias, o diferente e podem reconstruir as realidades atuais em outras mais inovadoras e interessantes, favorecendo o processo de transformação.

Na primeira categoria – o *mindset* fixo, temos como principal orientação as barreiras e as negações. Tudo pode ser mais difícil e motivo para a procrastinação. Na segunda categoria, temos a possibilidade de crescimento e desenvolvimento mais sustentado pela própria orientação das pessoas que acreditam no seu desenvolvimento e potencial individual e de grupo, com a assimilação de aprendizados e práticas graduais. E é neste caso que contextualizamos com as premissas e práticas do Empreendedorismo.

Empreendedorismo

Empresas necessitam criar mecanismos para influenciar aqueles que tem o *mindset* fixo, exigindo recursos e esforços de conhecimento, bem como treinamentos e supervisão de seu grupo de colaboradores internos e externos. Por outro lado, aqueles que possuem o *mindset* progressivo têm interesse de assumir novas responsabilidades e colocar em movimento as premissas que regem o empreendedorismo. O empreendedorismo pode se originar de forma endógena, ou seja, do próprio indivíduo e de suas motivações, ou de forma exógena, derivada do ambiente externo. Neste caso, as empresas podem obter resultados a partir de um sólido plano de carreira, programas de benefícios, bem como a capacitação, ao invés de simples treinamento.

***Mindset* e empreendedorismo**

Mindset advêm de pessoas e de suas configurações mentais, as quais irão determinar seus pensamentos, comportamentos, posturas e atitudes, enquanto o empreendedorismo está relacionado às competências humanas no sentido de realização – fazer as coisas acontecerem. Então, alguém que tenha um *mindset* positivo, deve procurar diagnosticar o seu nível de competências humanas e profissionais e potencializá-las, em especial a competência relacionada ao Empreendedorismo. De certa forma, o *mindset* e o empreendedorismo conversam entre si, necessitando de uma convergência ou objetivos bem traçados, para que possam caminhar juntos e trazer resultados mais consistentes. Pensando dessa forma, as formas de ser, pensar e agir podem direcionar as ações de pessoas, mas com um foco bem definido.

Conforme Kuazaqui (2020, p. 37), *deve-se estabelecer um foco para iniciar a discussão sobre as competências e esse foco é a busca pela excelência.* Essa busca pode ser o fator norteador do *Mindset* e o Empreendedorismo. O empreendedorismo pode ser praticado de várias formas, seja nas pequenas e mesmo cotidianas ações, bem como naquelas consideradas mais complexas. Pode-se mudar os móveis de lugar para a obtenção de melhor espaço físico, bem como o autoaprendizado para o desenvolvimento de um novo negócio. Não importa o tamanho, mas a ação que conduz a um movimento de desenvolvimento e contribuição.

Conforme Kuazaqui (2020, p. 40), o Empreendedorismo *trata-se de uma competência endógena, que incita o indivíduo a empreender, desenvolver ações*. Focaremos então no *Mindset* Empreendedor, este relacionado às decisões mais complexas e empresariais, o que faz sentido, considerando que estamos sendo em muito influenciados pelos movimentos disruptivos. Retornando à disrupção, este pode ser positivo ou negativo, a partir da compreensão de causa e efeito e as posteriores consequências e impactos das medidas adotadas.

Se o olhar for sob o ponto de vista positivo, podemos entender que os processos de mudanças e transformações devem conduzir para realidades mais inovadoras, ou seja: disrupção leva às inovações e as pessoas devem estar conscientes e com possibilidades de aceitar nas suas vidas. Como exemplo, temos a transformação digital, conforme Kuazaqui, Haddad e Marangoni (2019), que levou a uma intensidade maior de uso da tecnologia nas nossas vidas. Com a incorporação de aplicativos, temos os de mobilidade urbana, como Uber e 99. Ainda que uma parcela da população não utilize essas plataformas com frequência, por diferentes razões, as quais respeitamos. Esses aplicativos vieram para ficar e estão, inclusive, influenciando a indústria automobilística, conduzindo-a em um futuro próximo ao aumento das operações B2B e redução das operações B2C. Negar o fato é negar a realidade e suas possíveis consequências.

Conclusões

Acredite em você, em seu potencial, capacidades e competências, melhorando-as se for preciso, no sentido de entregar mais, prometer e cobrar menos, de forma mais ágil, respeitosa, solidária, consciente e com mais qualidade. Viva dentro de normas e regras, mas não deixe que setas o limitem nas suas convicções, desejos e ações. Seja o redator do *storytelling* da sua vida, como um roteiro de cinema, conforme Kuazaqui (2015). Acredite no que acredita. Use máscara, mas deixe a outra cair e seja você mesmo, com a personalidade e o protagonismo necessários!

Referências

KUAZAQUI, E. *Marketing cinematográfico e de games*. São Paulo: Cengage, 2015.

KUAZAQUI, E.; JÚNIOR. C. B. C.; TERAMOTO, C.; NAKAGAWA, M. H. *Marketing para ambientes disruptivos*. São Paulo: Literare, 2017.

KUAZAQUI, E.; HADDAD, H.; MARANGONI, M. M. *Gestão de marketing 4.0*. São Paulo: Atlas, 2019.

KUAZAQUI, E. (Organizador). JÚNIOR, C. B. C.; OLIVEIRA, C.; SAITO, C. S.; FIGUEIREDO, C. da C.; RODRIGUES, F.; CARVALHO, F. C. A. de.; VOLPATO, L. A.; NAKAGAWA, M.; FERNANDES, O. A.; FILHO, O. P.; SANTI, P. de; MANZINI, R. B.; CRUZ, R. C.; CAMANHO, R. *Administração por competências*. São Paulo: Almedina, 2020.

11

GESTÃO SISTÊMICA EMPREENDEDORA

Preparado para a nova realidade mundial nos seus negócios? Em meio ao covid-19 e ao risco de extinção da humanidade, a mentalidade do compartilhamento e colaboração mútua foi disseminada. Pessoas, empresas e entidades uniram-se em prol da proteção da espécie. Tecnologias foram desenvolvidas e propagadas. Novos produtos e serviços criados. A gestão sistêmica empreendedora tornou-se eminente!

FABIO ROBERTO MARIANO

Fabio Roberto Mariano

Aficionado por ciência do máximo desempenho humano. Criador do método Evolução Pessoal Sistêmica Constante – EPSCO. Empresário, gestor industrial; *coach* pessoal e profissional; escritor do capítulo "Gestão transformacional: o líder que inspira" no livro *Mapeamento comportamental: métodos e aplicações* (Literare Books) e do capítulo "Evolução Pessoal Sistêmica Constante – EPSCO" no livro *Sem limites: uma abordagem comportamental e de terapias integrativas*; palestrante; treinador e analista comportamental; consultor; professor técnico e universitário; contabilista; administrador; pós-graduado em Gestão da Indústria da Moda e em Engenharia de Produção; com MBA em *Coaching* e em Gestão Empresarial. Aperfeiçoamentos em *Leader Coaching* com PNL e em *Mentoring & Coaching*.

Contatos
fabiorobertomariano@gmail.com
LinkedIn: FabioRobertoMariano
Instagram: @FabioRobertoMariano
Facebook: FabioRobertoMariano / @GestorCoachFabioRoberto
11 98185 2277

Transição acelerada

É fato que vivenciamos um dos maiores movimentos de transformação da história da humanidade. Agora, será, talvez, que todas as mudanças mundiais impulsionadas em 2020 já não estavam ocorrendo antes, só que de forma lenta, e a pandemia apenas acelerou o processo para que realmente entremos em uma nova era?

Antes da crise já podíamos desfrutar de uma série de benefícios da Internet, como fazer transações bancárias, comprar produtos e serviços, participar de reuniões e encontros, trabalhar, estudar e muito mais. E, pelo costume, resistência ao novo e desconfiança em relação à segurança na utilização das tecnologias disponíveis, esses benefícios eram pouco ou nada utilizados.

Pessoas imaginavam ser arriscado e trabalhoso aprender sobre a forma intuitiva e dinâmica de se utilizar os aplicativos; empresas (ou parte de seus líderes) acreditavam que perderiam o controle de seus colaboradores em *home office*, e, ainda, que um investimento em tecnologia poderia ser "caro"; já as entidades sabiam que teriam de se tornar mais transparentes e eficientes ao oferecer serviços on-line, afinal todos tinham suas razões, ou não?

Em meio a pensamentos e mentalidades míopes, olhava-se apenas para dentro, enquanto a evolução humana caminhava a passos lentos.

Incrível como algo invisível teve o poder de afetar toda a raça humana, não?

Quem sabe não haveria o toque de uma divindade nos convidando a uma nova realidade, onde fôssemos mais versáteis, prestativos, confiáveis, disciplinados, produtivos, valorizados, atenciosos e amorosos?

De um momento para o outro, pessoas passaram a viver mais, economizando tempo de locomoção, trabalhando, estudando e cuidando da família, sem ao menos poder sair de casa. Empresas reduziram gastos com transporte de colaboradores, se reinventaram e se modernizaram, criaram *marketplaces* multimilionários, transformaram concorrentes em parceiros, funcionários em vendedores e também perceberam que com as tecnologias disponíveis aumentariam a eficiência dos trabalhadores, ainda que a distância. Entidades ofereceram novos serviços, como documentos digitais, reduzindo a burocracia e eliminando gastos intermediários e/ou indevidos.

Além disso, pessoas, empresas e governos – em tempo recorde – construíram hospitais, coletaram e distribuíram alimentos, compartilharam conhecimento e tecnologia, doaram dinheiro, ofereceram serviços gratuitos.

A pandemia nos relembrou que somos meros mortais e podemos ser banidos da face da Terra. Nos trouxe humildade ao demonstrar que precisamos e podemos colaborar e compartilhar uns com os outros.

Desenvolveu-se, assim, uma visão sistêmica de mundo ao expandir o olhar ao próximo, o apoio ao outro, à empresa concorrente, ao país vizinho. Uma nova mentalidade então foi criada, a Gestão Sistêmica Empreendedora – GSE.

Não seria então esse empenho em compartilhar e colaborar para a melhoria mútua o *mindset* do novo normal empreendedor?

Antes, o que fazer?

Em virtude dessa nova dinâmica, apresentarei algumas habilidades e competências primordiais para você que deseja estar apto às novas exigências do mercado. Só que antes, é importante descobrir o que fazer, ou seja, "em que empreender". Para isso, pegue o seu bloco de notas e responda:

1. O que faço com paixão e excelência que poderiam se transformar em produtos e serviços?
2. Meus produtos e serviços teriam o poder de transformar a vida de outras pessoas? Como?
3. As pessoas realmente precisariam dos meus produtos e serviços? Por quê?
4. Quais valores e diferenciais extras meus produtos e serviços teriam em relação aos existentes no mercado, pelos quais os clientes se encantariam?

Vale reiterar que quanto mais relevantes e abrangentes forem as suas respostas, maiores as possibilidades de você estar no caminho certo.

Princípios da GSE

Creio que, assim como na vida, como empreendedor, o que se faz deve ter um propósito, uma ligação espiritual entre a atividade, você próprio e o próximo. Essa conexão te dará força e comprometimento diários para superar os desafios e alcançar grandes resultados.

Agora que você sabe o que ama fazer e o que realmente pode oferecer de valor ao mercado, apresento-lhe características e atributos que devem ser fortalecidos na sua atuação como empreendedor, distribuídos em cinco grandes princípios da GSE.

Nesta nova era, é importante perceber que tudo está interligado: vida profissional, social, afetiva, acadêmica... tudo faz parte de um único sistema e deve estar em equilíbrio para o pleno funcionamento.

Princípio pessoal

O princípio pessoal diz que, para se administrar bem um negócio, antes é preciso administrar bem a própria vida. Aqui é importante dar atenção ao que diz respeito a si próprio e buscar desenvolver os seguintes aspectos:

- **Emocional**: suas emoções são estimuladas e testadas a todo momento. Saber utilizá-las efetivamente eleva suas chances de sucesso como empreendedor. Isso acontece quando o seu subconsciente é programado e capaz de te fazer responder aos estímulos externos, com sabedoria e discernimento. *Para isso, busque se autoconhecer, eleve a sua autoconfiança, treine a empatia, seja automotivado, positivo, amoroso e grato. Coloque-se como responsável pelos resultados da sua própria vida. Seja proativo e versátil. Participe de coaching, mentorias, seminários de desenvolvimento humano. Seja curioso, inovador e criativo.*
- **Intelectual**: seu intelecto demonstra a sua capacidade de raciocinar, compreender, conhecer, pensar e interpretar os acontecimentos, pessoas e coisas. Demonstra o quão imparcial, transparente e justo é em suas decisões, ao controlar o seu próprio ego em prol do bem mútuo. Seu raciocínio deve ser alimentado para que reaja rapidamente às necessidades do dia a dia. *Logo, faça coisas costumeiras de forma diferente, altere o lado do relógio no pulso, faça caminhos diferentes até a sua casa, aprenda novas habilidades como leitura, dança, culinária, pratique jogos como sudoku, palavra cruzada, faça cálculos mentais, questione mais, torne-se multidisciplinar. Coloque-se em papel de aprendiz, imagine que sempre há soluções ainda melhores a serem descobertas.*
- **Física**: é primordial cultivar hábitos e *hobbies* que fortaleçam a sua saúde e bem-estar. A exigência física é enorme para quem escolhe atuar nas áreas dos negócios, e demonstra-se equilibrada quando seu metabolismo apresenta um bom funcionamento e vigor físico. *Para isso, alimente-se de forma balanceada, ingerindo bastante água, frutas, legumes e verduras; faça exercícios físicos, como o HIIT – High Intensity Interval Training – e exercícios de respiração; durma bem.*
- **Espiritual**: cultivar a espiritualidade te dá sentido à vida, compreensão de si próprio, te conecta com o seu "eu superior", te demonstra a sua sincronicidade com o Universo e com algo maior, a divindade. Quanto mais desenvolvida esta área, mais eleva-se a sua capacidade de viver no momento presente, anulando ansiedades e distúrbios. Esta área dá ainda mais significado à sua missão empreendedora. *A meditação é uma das melhores práticas para estimular a espiritualidade. Aliadas a ela estão a oração, entrar em contato com a natureza, fazer ações voluntárias, ajudar ao próximo, conhecer e praticar o seu propósito de vida.*
- **Temporal**: o tempo é o nosso único bem realmente escasso, afinal, todos nós partiremos desse mundo em algum momento. Logo, administrar bem as suas tarefas e tornar-se mais produtivo é essencial para viver melhor e atender às necessidades pessoais, profissionais e sociais de maneira equilibrada e sadia. *Algumas dicas cruciais para otimizar o tempo são: definir prazos, focar no resultado e encontrar soluções, planejar-se, eliminar e/ou distanciar-se de distrações ao efetuar tarefas, criar rotinas, ter períodos de descanso, ser dinâmico e proativo.*
- **Decisional**: a todo instante decidimos. Falar, acordar, escutar, investir, exercitar, dormir, sair, ficar, são escolhas inerentes ao dia a dia. Inclusive deixar de fazer algo também é uma escolha. O livre-arbítrio nos é dado pela natureza de nossa existência e, como empreendedores de sucesso, devemos ser o mais assertivos possível nas nossas escolhas, para otimizarmos nosso tempo e nossos resultados. *Mediante isso, é importante ser imparcial, objetivo, justo, ágil, versátil, transparente, gerar autonomia, ser*

proativo, buscar soluções, focar no objetivo, ser coerente, saber ouvir, ter discernimento, usar o não, assumir a responsabilidade.

Princípio social

Por essência somos seres relacionais, dependemos das nossas relações sociais para vivermos e evoluirmos enquanto espécie. O princípio social diz que para sermos bem-sucedidos devemos nos relacionar bem com todas as pessoas, em todas as situações, e dar atenção especial aos seguintes aspectos:

- **Relacionamentos pessoais:** "a educação começa em casa". O empreendedor do novo normal mantém relações saudáveis com familiares, cônjuges, amigos, vizinhos e conhecidos, e sabe que a qualidade desses relacionamentos influencia diretamente os seus negócios. *Para fortalecer esses laços, é importante respeitar as opiniões alheias, ouvir mais e falar menos, dar atenção e colaborar com as pessoas, pedir e aceitar desculpas.*
- **Networking:** empreendedores prósperos têm em sua rotina empresarial o zelo nos relacionamentos. Sabem que conexões genuínas podem gerar oportunidades de novos projetos. E unir-se a outras mentes com propósitos similares aos seu potencializa as chances de sucesso mútuo. *Eles são transparentes, pontuais, empáticos, imparciais, proativos, interessados pelo próximo, cultivadores de relações, são participativos, construtores de parcerias, prezam pelo respeito, estão presentes em eventos e datas especiais.*
- **Gestão de pessoas:** identificar as melhores pessoas para cada função e instigá-las a buscar o melhor do seu potencial é parte crucial para o sucesso de uma empresa. *Para isso, é necessário prover capacitação contínua aos colaboradores, comunicar-se com ética, respeito e coerência, estimular a sinergia e o trabalho em equipe, desenvolver e identificar lideranças, definir processos simples e objetivos, gerar autonomia e respaldar as ações, ser o exemplo, demonstrar paixão pelo negócio, ter flexibilidade e estar preparado.*

Princípio econômico

O princípio econômico afirma que saber administrar bem as finanças é fundamental para prosperar em todos os âmbitos da vida. Para isso, é importante desenvolver três aspectos em sua mentalidade:

- Gastar como investidor: ao passar a ver as despesas como possíveis investimentos os gastos supérfluos tornam-se menos frequentes e as saídas de capital tendem a render novos frutos.
- Guardar parte do ganho: ao imaginar que um percentual de todo ganho deverá ser guardado, os gastos diminuirão e uma reserva financeira será criada.
- Criar múltiplas fontes de renda: utilizar a reserva financeira e os seus lucros para criar novas fontes de receita. Como novos negócios, investimentos financeiros e imobiliários, afiliação em produtos e serviços de empresas parceiras.

Busque criar especialmente renda passiva, para que seu foco principal continue no seu negócio e/ou no seu trabalho.

Princípio gestão 4.0

Para permanecer competitivo é importante investir em tecnologia. O princípio gestão 4.0 diz que para se diferenciar no mercado é essencial utilizar tecnologias e conceitos da indústria 4.0 no próprio negócio. Algumas delas são:

• CRM – *Customer Relationship Management* (Gestão de Relacionamento com o Cliente): este tipo de tecnologia automatiza, potencializa e facilita a segmentação, captação e manutenção de clientes, utilizando ferramentas como automação de vendas, gestão de *leads*, e-mail marketing, catálogo de produtos, gestão de redes sociais, gestão e criação de sites, gestor de projetos e tarefas, *contact center*, gestor de vendas, entre outras.

• *Omnichannel*: esta tecnologia cria unicidade entre todos os canais utilizados pela empresa (sites, redes sociais, *e-commerce*, lojas físicas). O atendimento é integrado e o cliente pode iniciar e finalizar a compra por locais diferentes, com liberdade e confiabilidade.

• Indústria 4.0: é a otimização da produção em que, por análise de dados em tempo real, através da comunicação de sistemas cyber-físicos, internet das coisas, robôs e *big data*, têm-se ajustes na demanda, troca de produtos e até reparo de máquinas e processos automaticamente. Como consequência, obtém-se melhoria da produtividade e resultados, além de redução de falhas e desperdícios.

Princípio operacional

Conhecer as operações da organização é imprescindível para desenvolver visão holística como empreendedor. O princípio operacional diz que conhecer todos os recursos e processos do seu próprio negócio é fator competitivo da GSE.

Você, como empreendedor, é o seu próprio negócio, o seu propósito tornado em realidade: transformar o mundo em um lugar melhor com os seus produtos e serviços.

Vestir a camisa e ser comprometido faz parte da sua atitude diária. Agora, conhecer a fundo processos administrativos, contábeis, produtivos, tecnológicos e comerciais é o seu grande diferencial como Gestor Sistêmico Empreendedor.

Manda ver!

12

OS TRÊS PILARES DO MARKETING DIGITAL

Somente no Brasil, foram registrados 134 milhões de usuários que utilizam dia após dia a internet, seja para trabalho, lazer ou hobby. Apesar da incrível demanda proporcionada pelo mundo digital, somente 5% das empresas brasileiras conseguem vender on-line. Neste capítulo, você contará com dicas pontuais para cada um dos três pilares fundamentais do marketing digital, facilitando sua missão de vender e rentabilizar através da internet.

FELIPE DIORIO

Felipe Diorio

Há mais de 15 anos atuando na área comercial. Seis anos atuando diretamente no alinhamento da estratégia de vendas ao marketing digital. Sócio-fundador do Instituto Brasileiro Comercial, empreendedor, consultor e apaixonado por vendas e marketing digital. Liderou e treinou mais de 10 mil profissionais. Realizou consultorias em empresas dos mais variados segmentos, auxiliando e obtendo crescimento sustentável e escalável.

Contatos
www.ibcomercial.com.br
48 99848 4346

134 e quatro milhões de possíveis clientes, número de usuários da Internet. Maior que qualquer cidade ou estado do Brasil. Setenta e cinco por cento das empresas brasileiras marcam presença on-line, porém menos de cinco por cento conseguem escalar suas vendas nesse mundo conhecido como digital. O empreendedorismo que conhecemos mudou e muitos negócios ainda não conseguiram acompanhar essa evolução.

No entanto, em 2020, tudo mudou. O novo normal foi instalado. Nesse novo normal, empresas e negócios terão que fazer presença nas plataformas on-line! O empreendedorismo digital é dominado por profissionais autônomos que vivem de vendas de cursos, treinamentos ou mentorias. Mas onde estão as empresas? Muitas estão acuadas trabalhando o marketing tradicional.

No fim de 2016, tomei uma importante decisão profissional: trabalhar com consultoria comercial. Passei cinco meses pesquisando o cenário e entendendo o motivo que levava as empresas à aposta no marketing tradicional e pouco no digital. Obtive grandes respostas e vou compartilhar com você:

- 95% dos empresários não dominavam as estratégias digitais;
- 89% das empresas não contavam com um time de marketing digital;
- 78% dos profissionais de marketing dessas empresas não se atualizavam;
- 70% dos empresários estavam satisfeitos com seus rendimentos mensais;
- 72% dos empresários não acreditavam em vendas on-line;
- 80% dos negócios atendiam somente em formato receptivo, ou seja, quando o cliente vai até sua loja ou estabelecimento.

Ainda que esses dados sejam de 2016, é possível notar que 95% das empresas brasileiras ainda continuam no cenário citado acima. Muitas estão marcando presença nas plataformas digitais, porém poucas conseguem vender através delas e o empreendedorismo digital é isso: vender on-line!

Ao longo desses anos, ajudei muitas empresas. Estudei, acertei e errei – e como errei! Quero compartilhar com você dicas sobre o mundo digital e como fazer para conseguir resultado em vendas on-line. Lembre-se que empreender é aproveitar as oportunidades e o que o mundo on-line oferece, somente no Brasil, 134 milhões de possíveis clientes. Digo a você: Empreenda no mundo digital também. Não deixe seu negócio preso ao marketing tradicional, faça a união do tradicional ao digital e veja suas vendas crescerem exponencialmente!

Nos próximos parágrafos, irei compartilhar alguns passos importantes, com dicas e estratégias. Se você é leigo no assunto, não desanime. O marketing digital é visto por muitos como complicado, mas garanto a você: no final da leitura, você terá condições e estímulos suficientes para fazer o que menos de 5% das empresas brasileiras fazem: ganhar dinheiro usando as plataformas digitais.

Primeiro, é preciso entender que o marketing tradicional, que alguns nomeiam como marketing off-line, exige 90% de estratégia e 10% de técnica (domínio de ferramentas e recursos). Quando o assunto é marketing digital, a proporção é meio a meio. Não basta ter estratégia. Sem domínio técnico das ferramentas disponíveis, a conta ficará mais cara. Costumo dizer que empresas mal preparadas compensam essa virtude com dinheiro, investindo fortunas para escalar suas vendas no mundo digital.

Constantemente, me deparo com situações inusitadas em minhas consultorias: empresas investindo alto nas redes sociais sem uma plataforma preparada para converter os famosos *leads*. Não é apenas contar com um site ou uma página na *web*, mas um local desenhado, antecipando as possíveis objeções de compra, impactando os visitantes com depoimentos precisos, além de textos e imagens que vendem. Eu digo que a *landing page* (página web de vendas) deve ser um verdadeiro funil de convencimento. É fácil construir esse funil? Não! Mas é possível quando entendemos que unir neurociência, ferramentas e estratégia é a solução para o entrave.

No ano de 2018, criei uma sequência para escalar as vendas on-line. Na linguagem do gurus digitais: uma fórmula de lançamento ou vendas constantes. Em todas as minhas consultorias, obtive grandes resultados escaláveis em segmentos variados, como serviços bancários, seguros, educação, consórcios, *e-commerces*, concessionárias, entre outros. O mais curioso é que menos de 20% das empresas estavam preparadas para lançar ou vender um produto no mundo digital. Você deve se perguntar o porquê. Assim, a fórmula depende de três pilares fundamentais no marketing digital.

Posicionamento, tráfego e plataforma: juntos, formam os três pilares do marketing digital. Sua empresa ou negócio está preparada? Possui esses três pilares? Que tal entender mais sobre esse tripé do resultado on-line?

Oitenta por cento das empresas que apliquei minha consultoria, não possuíam posicionamento. Mas o que é posicionamento? Audiência e autoridade. Posso afirmar que, sem esse pilar, você gastará dez vezes mais para vender um único produto ou serviço. O mais impressionante é que dificilmente encontramos cursos ensinando como construir autoridade e audiência. Todos querem ensinar tráfego, plataformas, porém o mais importante ninguém ensina.

Se você pensou em números de seguidores e curtidas, está errado. Audiência e autoridade são diferentes de número. Posso ter 50.000 seguidores no Instagram e não vender para nenhum deles. Eu digo que prefiro 5.000 fãs (autoridade e audiência) de minha empresa ou negócio, ao 50.000 de números (seguidores). Você já pensou em comprar seguidores? Furada! Não funciona! O pouco com qualidade é melhor que quantidade. Essa é a realidade quando falamos de posicionamento. Para gerar interessados e possíveis compradores, preciso trabalhar meu posicionamento digital. Precisamos entender que atalhos não existem!

Em minhas consultorias, quando encontro situações de empresas sem audiência e autoridade, logo crio um trabalho de imagem e posicionamento, seguindo um passo a passo de construção de percepção de valor. Como base, utilizamos vídeos e imagens associados a textos e conteúdos que fazem a diferença na vida das pessoas que quero como audiência, ou seja, como fã. Em média, costumo levar seis meses para realizar esse primeiro trabalho: posicionamento. Claro, existem variações decorrentes do segmento de atuação e região de atuação. O primeiro passo para o sucesso é você criar sua audiência postando diariamente em todas as plataformas conteúdos relevantes e que façam seus possíveis clientes vibrarem e desejarem acompanhar sua empresa nas redes sociais. O segredo das redes sociais mais usadas no Brasil, visando ganhar visibilidade e aumentar seus fãs, é trabalhar seu algoritmo, que no Facebook e Instagram é calculado através do Edgerank.

Edgerank é a fórmula que as redes sociais ligadas ao grupo Facebook (Facebook e Instagram) utilizam para calcular uma pontuação de preferência sobre uma determinada página ou usuário. Você já deve ter percebido que os *stories* de seus amigos mais próximos sempre aparecem nas ordens iniciais para você. Como isso acontece? Edgerank calculando seu algoritmo e entendendo que você é próximo ou gosta de interagir com aquela pessoa ou página.

Por esse motivo, se você busca fãs e, consequentemente, posicionamento, a dica principal é consistência nas postagens, mantendo a mesma linguagem e qualidade em todas as entregas. Sugiro a criação de um cronograma de conteúdo, com data e hora para postagem de maneira que isso se torne constante, até que sua audiência seja conquistada.

Dessa forma, seus números de fãs aumentam de maneira que muito brevemente você poderá partir para as estratégias de tráfego. E quando falamos de tráfego, existem duas possibilidades: monetizado (pago) e orgânico (gratuito). Com características diferentes, mas bem definidos, planejados e alinhados a uma estratégia escalável, ambos com certeza trarão resultados, nesse caso, *leads* (possíveis clientes).

Criar e trabalhar conteúdos é o berço do *inbound marketing*. É a melhor estratégia para captar *leads*. Como anda a criação de seus conteúdos? Você entrega a degustação na dose certa? Como fazer isso? Degustação na dose certa é criar desejo e necessidade, sem entregar a sensação e realização completa da aquisição, de maneira a engajar sua audiência, transformando a mesma em *leads*, ou seja, oportunidade de venda. Para isso, produzir conteúdos relevantes, liberar brindes, amostras, prova social, benefícios e criar projeções mentais são essenciais para o sucesso do pilar dois: tráfego.

Com um planejamento definido que alinha a estratégia de vendas, é hora de levar ao conhecimento de sua audiência seus produtos e serviços. Lembre-se: compramos apenas de quem acreditamos ou conhecemos! Portanto, apostar em tráfego sem antes posicionar sua presença on-line é alto investimento e pouco resultado.

De maneira clara e objetiva, o tráfego é como levar ao conhecimento de seus fãs e público em geral um determinado conteúdo, produto ou serviço. É nesse momento que dominar ferramentas fará toda a diferença. A tecnologia veio para nos ajudar e potencializar o empreendedorismo digital! Sempre oriento que empreendedor inteligente é aquele que forma as parcerias certas, de acordo com sua lacuna de conhecimento e habilidade. Você não precisa ser especialista em tráfego. Conhecer é o suficiente! Mas se sua missão é ter sucesso no mundo digital, você com certeza precisará de um especialista ao seu lado. Isso é parceria certa!

Tráfego é o pilar que contém mais cursos disponíveis. Qualificação nessa área é fácil e com baixo custo de investimento. Mas quero compartilhar um segredo com você: união do domínio da ferramenta com estratégia é a única alternativa para o sucesso! Infelizmente, muitos profissionais possuem *déficit* em estratégia, tornando a criação do tráfego simples e com pouco resultado!

Por esse motivo, quero lhe ajudar com uma dica importante: Nem todos terão perfil para comprar seu produto. Por esse motivo, na hora de criar suas postagens, anúncios e conteúdos, pense em iscas e formas de aquecimento de interesse, para identificar os usuários com potencial de compra. Por quê? Você irá fazer tráfego para quem pode comprar e isso reduzirá a verba de investimento de forma brutal.

A maioria das empresas aposta na criação de anúncios e campanhas abertas para todos, sem filtrar e segmentar os usuários que irão receber a postagem. Isso é um erro que pode custar investimento. Filtrando e segmentando os usuários, você terá mais assertividade para converter os *leads*. Existem várias formas de a conversão ocorrer e até mesmo a possibilidade de fechamento ocorrer fora da esfera digital, ou seja, através de uma visita, ligação telefônica ou abordagem via aplicativo de mensagem.

Quando digo plataforma, quero dizer local de captação e conversão do visitante. Cito alguns exemplos, como uma página on-line de vendas, que chamamos de *landing page*, um *site* tradicional, direcionamento para conversas via aplicativo de mensagem, *download* de aplicativos, formulários on-line, formulário próprio da rede social, ou até mesmo trabalhar a conversão no próprio anúncio!

Como você percebeu, são inúmeras as possibilidades. Contar com um especialista em vendas irá ajudar exponencialmente seu negócio ser mais rentável. Esse profissional ajudará na criação da estratégia de conversão, otimizando todo o investimento aplicado. Setenta por cento de meus clientes falharam na primeira tentativa e optaram em contratar mentorias, treinamentos e consultorias após o fracasso inicial.

Voltando ao pilar da conversão, quero explanar com você a importância da estratégia e aplicação do funil de convencimento. Podemos criar inúmeras estratégias nesse momento, como mapear os botões que os visitantes clicaram em seu site ou *landing pages* e, através disso, criar anúncios monetizados para cada preferência. No marketing digital, chamamos isso de criar *personas*.

Também é possível nesse pilar criar a famosa listagem de possíveis clientes. Com essa listagem, nasce outra grande e imensa possibilidade, como a liberação de *e-mail* marketing, mala direta ou até envios de mensagens através de aplicativos.

Como dica, aconselho procurar plataformas prontas. Para quem quer vender cursos, treinamentos e mentorias é possível utilizar as plataformas de sites como *Hotmart*, *Monetizze* e *Udemy*, por exemplo. Todas as plataformas são isentas de investimentos iniciais. Você só paga quando vende.

Se você comercializa produtos, nasce outra imensa oportunidade. Mercado Livre e OLX são plataformas que poderão ajudar. Contudo, grandes empresas entraram na briga e contam com a possibilidade de *marketplace*. Marketplace é a possibilidade de empresas ou pessoas venderem através dos *e-commerces* de grandes empresas. Essa é uma grande oportunidade para você associar seu produto a uma grande marca, gerando credibilidade.

É possível notar que o empreendedorismo aplicado ao mundo digital é diferente. Há muitas variáveis e, ao mesmo tempo, oportunidades. Há aproximadamente cinco anos, acompanhamos uma imensidão de empresas a apostarem em abordagens on-line. Em 2020, foi possível enxergar claramente que, apesar de todas as oportunidades, menos de 5% das empresas brasileiras conseguiram de fato o sonhado sucesso nas vendas digitais.

O principal fator que implica nessa demanda escassa de empresas brasileiras com sucesso digital é a falta de consistência e ousadia. A mudança comportamental de compra foi impactada, acelerando a preferência digital em muitos consumidores. Inovar, buscar espaço digital e ser próximo de clientes em suas redes sociais, por exemplo, fará total diferença nos próximos anos. Lembre-se: 134 milhões de possibilidades aguardam seu negócio, seus produtos e serviços.

13

EMPREENDEDORISMO SEM LERO-LERO

A pandemia covid-19 acendeu a luz de alerta para a economia mundial. Entretanto, no caso brasileiro, será que a crise econômica decorrente da crise sanitária é a principal fonte dos seus problemas econômicos? Foi a pandemia que minou o suposto espírito empreendedor do brasileiro? O Brasil é um Estado empreendedor ou "atrapalhador"? Estas e outras incômodas perguntas são respondidas neste capítulo.

**FERNANDA DOS SANTOS E
PEDRO LOUREIRO**

Graduada em Contabilidade e mestra em Gestão Pública pela Universidade Federal do Pará. Especialista em gestão financeira, controladoria e auditoria contábil e em CT&I, cursou pós-graduações na Fundação Getulio Vargas e na Escola de Governança Pública do Pará. É auditora contábil, professora da Universidade da Amazônia e servidora pública efetiva estadual. Colaboradora do podcast *Administrar on-line*.

Contatos
LinkedIn: @administraronline
podcast@administrar.online
91 98853 2466

Fernanda dos Santos

Graduado em Administração, Contabilidade e Comunicação. Mestre em Administração pela Universidade da Amazônia, cursou pós-graduação nas instituições: University of California – EUA, Universidad San Pablo – Espanha, Universidade de São Paulo; Fundação Getulio Vargas, Universidade Cândido Mendes e Escola de Governança Pública do Pará. Atuou nos mercados de comunicação, finanças, seguros, educação e turismo, nos setores público e privado. Atuou também como agente autônomo de investimentos, registrado na CVM, entre 2007 e 2017. Professor efetivo do Ifpa e conselheiro do CRA-PA, produz e apresenta o podcast *Administrar on-line*.

Pedro Loureiro

Contatos
LinkedIn: @administraronline
podcast@administrar.online
91 98853 2466

Empreendedorismo de cara lavada

Palavra fácil em meios corporativos e acadêmicos, o empreendedorismo é tratado sem o devido cuidado científico. Muito se fala e pouco se diz. Este texto responde, de forma direta, perguntas que nem sempre são tratadas nos bancos das universidades ou nos ambientes corporativos.

Difícil definir empreendedorismo, inclusive devido às contradições provocadas pela quantidade de autores tratando do assunto sem fundamentação científica. Um dos primeiros a abordar cientificamente o tema foi Joseph Schumpeter (2015), que definiu o empreendedor como o responsável por introduzir inovações que mudam a ordem econômica. Chamou este processo de destruição criativa, que seria responsável pelo progresso econômico. Carlota Perez (2003) avança nos conceitos de Schumpeter, mostrando que quando a lógica tecnológica vigente se torna obsoleta as finanças forçam a modernização, por meio do incentivo ao empreendedorismo. Já para outros, empreendedores são pessoas que iniciam um negócio. Definição frágil, já que registrar um CNPJ não atesta perfil empreendedor. Entretanto, é muito útil aos governos, devido ao impacto de apresentar supostos quantitativos de empreendedores em determinada região. Números tornam informações mais atraentes e significativas. Segundo o Relatório Executivo de empreendedorismo no Brasil (GEM; Sebrae; IBQT; FGV, 2017), são mais de 50 milhões de brasileiros empreendedores. Então, se os números são tão positivos, qual seria a fonte do crônico atraso econômico, tecnológico e social brasileiro?

Uma terceira abordagem, de Hisrich, Peters e Shepherd (2004), caracteriza empreendedores como pessoas que assumem riscos ao iniciar alguma coisa nova. Faz sentido e se potencializa se vinculada à concepção de Schumpeter. Já José Dornelas (2015) define empreendedores natos, os que aprendem, os que empreendem em série, os planejadores e os herdeiros. É instrutivo e didático caracterizar por tipos, mas corre-se o risco de incluir perfis que nada têm a ver com aquilo que caracteriza ações empreendedoras. Herdeiro não é empreendedor.

Ações empreendedoras ocorrem no lugar e no tempo. Por isso, empreendedorismo e suas consequências dependem dos ambientes de marketing que, segundo Kotler e Keller (2019), estão divididos em internos e externos, sendo que os primeiros podem ser controlados e gerenciados pela organização e os externos afetam o negócio sem que ela possa provocar mudanças. Diversas outras ferramentas da Administração auxiliam na construção do caminho. Dentre elas, sem dúvida, Matriz SWOT e Matriz de Causa e Efeito, que mostram passos futuros.

Ainda para Kotler e Keller (2019), os ambientes internos são a própria empresa, fornecedores, público relevante, concorrentes, clientes e intermediários. Já os externos são divididos em demográfico, econômico, natural, tecnológico, político-legal e sociocultural. Chamamos de "miopia de *marketing*" quando uma organização ou empreendedor deixa de enxergar ou interpreta equivocadamente mensagens de um ou mais ambientes de *marketing*.

Um marcante exemplo de miopia de *marketing* é o da gigante do mercado fotográfico, Kodak. Líder inconteste, não percebeu avanços tecnológicos nem as mudanças comportamentais dos consumidores. Provavelmente a maior empresa que este mercado já viu pediu falência em 2012 e, na tentativa de sobreviver, vendeu suas marcas para um *pool* de empresas por pouco mais de 500 milhões de dólares. Triste fim de Era para a Kodak, que nos anos 1970 chegou a ter mais de 100 mil empregados, possuía 85% do mercado de câmeras fotográficas e 90% das vendas de filmes de fotografia. Melancólico, para a organização que em 1935 inventou o Kodachrome – primeiro filme à cores com produção em massa – desenvolveu um filme para detectar os níveis de radiação nos cientistas do Projeto Manhattan[1] e ajudou a criar o raio-X.

Como estamos vivendo a quarta Revolução Industrial, tecnologia é fator importantíssimo para as análises de quem empreende. Val Dusek (2009) apresenta as mais comuns definições de tecnologia: conjunto de instrumentos (máquinas e ferramentas), conjunto de regras (padrões relacionais), ou sistema que reúne ferramental disponível, habilidades humanas e organizações, todos necessários para sua criação e manutenção. Entretanto, para Stephen Covey (2011) a tecnologia reinventará os negócios, mas as relações humanas continuarão a ser a chave do sucesso.

Empreendedores devem manter o maior foco nas relações humanas. Grande parte dos fracassos de empreendimentos inovadores decorre da incapacidade do empreendedor delegar ou se desapegar de algumas tarefas. Centralização é mortal para empreendedorismo. Negócios são feitos de gente e para gente. O fator humano, mesmo que esteja sendo descartado em alguns processos produtivos, é fundamental. O ser humano é gregário.

O brasileiro é empreendedor?

O Brasil afronta a quarta Revolução Industrial ao cortar recursos em CT&I e educação e não investir maciçamente em infraestrutura. Sem investimentos continuados em educação, pesquisa, transporte, energia, telecomunicações, saneamento e tecnologia, compromete-se o progresso e a evolução da nação. Não há nenhum grande centro de inovação sem ter passado por prévio, profundo e planejado processo estruturante, criando bases para que Academia e mercado fundamentem seus avanços.

Tomemos como exemplo a Apple, citada por Mazzucato (2014) em seu livro *Estado empreendedor*. As tecnologias de base que permitiram a criação do iPhone e iPad foram desenvolvidas com recursos públicos, em instituições públicas. Estas universidades, institutos tecnológicos e/ou de pesquisa, prioritariamente públicos, resultam de

---

[1] Esforços militares e científicos com vistas à construção das primeiras bombas atômicas.

investimentos governamentais. Suas pesquisas encontram sustentação não somente em fartos orçamentos, como também na infraestrutura construída em décadas. O ambiente de inovação permite que haja uma grande quantidade de empreendedores em uma mesma região.

No Brasil, não vemos isso. Se alguém achar que nossos ambientes de *marketing* e os investimentos brasileiros em infraestrutura são propícios ao empreendedorismo, deve rever seus conceitos. O brasileiro é chamado de empreendedor, mas não é. Ele é criativo – e isso não é empreendedorismo, mesmo que criatividade seja uma vital característica deste perfil. Ele até poderia ser empreendedor, caso o Brasil possuísse ambiente propício para inovação.

Schumpeter (2015) dizia que inovação e empreendedorismo andam juntos e que a primeira pode ter foco no produto, no processo, nos recursos ou no modelo de negócio. Dividia inovação em duas categorias: incremental (moderada e contínua) e radical (transformações intensas nos processos produtivos, gerando revoluções tecnológicas). As duas têm uma coisa em comum: o mercado reage positivamente aos investimentos públicos em infraestrutura, CT&I e educação.

Empresas não têm obrigação de investir em ciência de base. Isto cabe aos governos, devido aos elevados custos e às incertezas de resultados. A elas, cabe o papel de embarcar tecnologia. Ou seja, pegar as invenções produzidas na Academia e disponibilizar ao mercado consumidor, pagando *royalties* pelo uso delas, é claro.

Há outra categoria, proposta por Clayton Christensen (2016): inovação disruptiva. Ela acaba com o mercado na forma como conhecemos e produz algo surpreendentemente novo. Ele se inspirou no conceito de destruição criativa de Schumpeter. A destruição criativa está na essência da dinâmica do capitalismo, quando novas tecnologias surgem em ondas, geralmente com aumento da produtividade do capital e do trabalho. Essas ondas, segundo ele, ocorrem com frequência cada vez maior.

Com isso, vemos que o brasileiro até pode ter um incubado perfil empreendedor, mas as condições impostas a ele não permitem ações empreendedoras em massa. Apenas fatos isolados. Por sorte, uma característica da nossa personalidade é a criatividade.

Estado empreendedor vs. Estado atrapalhador

Todos os grandes centros de inovação e empreendedorismo, incluindo os localizados nos Estados Unidos, possuem governos presentes e atuantes. Não vemos isto no Brasil e nos últimos anos têm agravado os cortes nos investimentos em CT&I e na educação. Ambiente empreendedor sem Estado forte e atuante não existe. Entretanto, devido à equivocada aplicação da Teoria Burocrática, de Max Weber, o Brasil se tornou um Estado "atrapalhador", ao invés de empreendedor. Dessa maneira, a falta de suporte e, pior ainda, as dificuldades criadas pelas ações políticas impedem que o país se torne campo fértil para empreendedores.

O Brasil se rende ao fenômeno descrito por Chang (2002), pelo qual nações mais desenvolvidas tecnológica e economicamente vendem a ideia de Estado afastado do mercado, no qual empresas crescem sozinhas, mas esses Estados não repetem tais práticas em seus territórios.

Estudos internacionais propostos por instituições de inquestionável competência descortinam um cenário preocupante. A edição 2020 do World Competitiveness Yearbook, elaborado pela renomada escola suíça IMB (2020), classifica o Brasil em 56º lugar, entre 63 países no campo da competitividade. Nação pouco competitiva que prejudica empreendedores e seus projetos.

A atual falta de capacidade do Brasil ser uma nação inovadora, que permite o desenvolvimento de ambientes empreendedores é retratada pelo Global Innovation Index, publicado pelo consórcio World Intelectual Property Organization; SC Johnson College of Business e Insead. O índice abrange 131 países, analisando a capacidade de promover e financiar inovação; o Brasil está na 62ª posição, perdendo para países com economias muito menores que a sua (CORNELL UNIVERSITY; INSEAD; WIPO, 2020). Não é razoável que uma das 10 maiores economias mundiais seja pior colocada do que Ilhas Maurício, Moldávia, Vietnã, Ucrânia, Chipre, Estônia, Letônia e Eslovênia, dentre outros igualmente pequenos. Responda: o Estado brasileiro é empreendedor ou atrapalhador?

Brasil pré e pós-pandemia

A pandemia de covid-19 acendeu a luz amarela para o mercado mundial e a vermelha para o Brasil. Percebe-se que os piores problemas brasileiros não são originários desta crise, mesmo que ela seja um duro golpe na maioria das economias mundiais, inclusive a brasileira. O Brasil sofre com histórica falta de investimentos em áreas imprescindíveis para ambientes de empreendedorismo e inovação.

Sem que o Estado brasileiro assuma seu papel, investindo maciçamente em estruturas de educação, pesquisa, transporte, energia, telecomunicações, saneamento e tecnologia, não subiremos para um segundo patamar de desenvolvimento. O Brasil precisa seguir exemplos como o Japão, que desde o nascer da Era Meiji até os dias atuais, Estado, Academia e mercado atuam colaborativamente, buscando o bem nacional (LOUREIRO; SANTOS, 2019). É necessário superarmos prejuízos históricos muito mais graves para o empreendedorismo nacional do que os decorrentes da crise econômica provocada pela pandemia de covid-19.

Referências

CHANG, H. *Kicking away the ladder: development strategy in historical perspective.* Anthem Press, 2002.

CHRISTENSEN, C. The Innovator's Dilemma: When New Technologies Cause Great Firms to Fail. *Harvard Business Review Press*, 2016. 288 p.

CORNELL UNIVERSITY, INSEAD.;WIPO (2020). *The Global Innovation Index 2020*: Who Will Finance Innovation? Ithaca, Fontainebleau and Geneva. 2020. 448 p.

COVEY, S. *The Third Alternative.* Simon & Schuster UK, 2011. 352 p.

DORNELAS, J. *Empreendedorismo na prática: mitos e verdades do empreendedor de sucesso.* LTC, 2015.

DUSEK, V. *Filosofia da tecnologia*. Edições Loyola, 2009. 312 p.

GEM, Global Entrepreneurship Monitor; SEBRAE, Serviço Brasileiro de Apoio às Micro e Pequenas Empresas; IBQT, Instituto Brasileiro da Qualidade e Produtividade; FGV, Fundação Getúlio Vargas. *Empreendedorismo no Brasil*. Relatório Executivo 2017. Disponível em: <https://m.sebrae.com.br/Sebrae/Portal%20Sebrae/Anexos/Relat%C3%B3rio%20Executivo%20BRASIL_web.pdf>. Acesso em: 28 out. de 2020.

HISRICH, R.; PETERS, M.; SHEPHERD, D. *Entrepreneurship*. McGraw Hill, 2004. 640 p.

IMB. *World Competitiveness ranking 2020*. Factors Ranking. 2020. Disponível em: <https://worldcompetitiveness.imd.org/eshop/>. Acesso em: 28 out. de 2020.

KOTLER, P.; KELLER, K. L. *Administração de Marketing*. Trad. Sonia Midori Yamamoto. 15. Ed. Pearson Universidades, 2019. 896 p.

LOUREIRO, P. C. R.; SANTOS, F. G. P. dos. A importância da biodiversidade para o desenvolvimento do futuro da Amazônia: O estado do Pará. *In*: SINGH, A. S.; OLIVEIRA, E. de J. (Org.). *Tópicos em Administração*. Volume 24. Editora Poisson, 2019. Cap. 17. 217-218 p.

MAZZUCATO, M. *O estado empreendedor*. Portfólio, 2014. 320 p.

PEREZ, C. *Technological Revolutions and Financial Capital: The Dynamics of Bubbles and Golden*. Edward Elgar Pub, 2003. 224 p.

SCHUMPETER, J. A. *Capitalism, Socialism and Democracy*. Sublime Books, 2015. 428 p.

14

COMO VOCÊ TEM REAGIDO ÀS ADVERSIDADES?

Não se chega a lugar nenhum sem identificar seu ponto de partida. É preciso tomar consciência da sua origem, conhecer o trajeto e definir o seu destino. Se você deseja encontrar sua força motriz, embarque nesta jornada, tendo como origem o caminho do autoconhecimento.

IRANEIDE CALIXTO

Iraneide Calixto

Psicóloga, pós-graduada em Administração de Recursos Humanos pela FAAP, *Executive Coach & Life Coach* pelo Integrated Coaching Institute, *Master* em PNL pela Sociedade Brasileira de Programação Neurolinguística (SBPN). Experiência de 10 anos como gerente de recursos humanos, tendo implantado, gerenciado e desenvolvido colaboradores em empresas de médio e grande portes do segmento de Hotelaria, Marketing Digital e Informática. Há 15 anos atua como Consultora de RH em empresas. Psicoterapeuta e orientadora de carreiras de jovens e adultos em busca de novos desafios.

Contatos
www.iraneidecalixto.com.br
contato@iraneidecalixto.com.br
Instagram: @iraneidecalixto_psicologa
Facebook. psicologairaneidecalixto
11 99954 1759

Quando nos deparamos com situações adversas, que nos tiram o chão, nos abalam emocionalmente e balançam a nossa estrutura, temos a necessidade de buscar recursos para nos fortalecermos, ressignificando conceitos, quebrando paradigmas internos e reinventando uma nova forma de viver para, assim, superarmos os obstáculos.

Recentemente, o impacto causado pela pandemia do novo coronavírus causou uma série de perdas e nos forçou a aderir ao isolamento domiciliar, a viver em uma espécie de casulo – como ocorre com as lagartas antes do processo de metamorfose. O sofrimento de muitas pessoas se intensificou, refletindo uma série de danos emocionais. A saúde mental de todas as faixas etárias foi afetada e se multiplicaram os quadros de ansiedade, depressão, transtorno obsessivo compulsivo, transtorno bipolar, estresse pós-traumático... Isso ocasionou uma procura maior dos pacientes por psicoterapia.

Quando colocados para fora de nossa "zona de conforto", somos obrigados a olhar a nossa verdade, entramos em contato com medos e limitações e temos que definir o que realmente importa. É a partir daí que precisamos dar o primeiro passo em busca de soluções. Vivenciar mudanças requer esforços, sacrifícios, renúncias e quebra de paradigmas internos. Muitas vezes, somos resistentes a mudanças porque temos medo do novo.

A pandemia nos impôs uma situação nova e nos obrigou a sair da zona de conforto e entrar em contato com nossas dores. Mesmo em situações extremas, quando tomamos consciência de que estamos infelizes é difícil dar um passo em busca de soluções. Contudo, podemos minimizar o sofrimento se reconhecermos que precisamos de ajuda. Contar com um profissional para realizar psicoterapia não somente para remediar a situação, mas, sobretudo, para prevenir, é o caminho mais sustentável.

A atitude ante a vida e a forma como interpretamos os eventos influenciam diretamente na saúde emocional. Se nos conhecermos e aprendermos a mudar o nosso olhar, certamente as experiências serão vividas de um modo diferente. Tendo a certeza de que nossos pontos fortes vêm da vulnerabilidade, não precisamos temer, já que, por meio da psicoterapia, teremos mais clareza, autoconsciência e coragem para buscar a nossa melhor versão.

Como psicóloga clínica, após tantos anos de experiências, me deparei com a necessidade de me adaptar a uma nova forma de atendimento, trocando os benefícios do contato humano por telas digitais em videochamadas. Um exemplo disso foi um atendimento que fiz com uma menina de oito anos, que deveria ocorrer presencialmente, para que pudéssemos fazer testes, jogos e brincadeiras, pois é dessa forma que as crianças projetam seus sentimentos. Apesar do grande desafio de adaptá-lo ao novo formato, o processo terapêutico fluiu de forma surpreendente.

Com esse novo cenário e com o aumento da demanda por atendimento, passei a usar a minha experiência para mostrar às pessoas as forças e recursos internos que possuem. Se houver esperança, tal qual o que restou à Pandora em sua caixa mágica, não há males que não possam ser enfrentados. A busca de um equilíbrio entre corpo, mente e espírito é uma condição determinante para o enfrentamento das adversidades e um dos pontos que orienta minha atuação profissional.

Autoconhecimento e aceitação

O que é o "autoconhecimento" que a psicoterapia pode proporcionar? Trata-se de saber nomear pensamentos, sentimentos e comportamentos e ampliar a visão sobre a forma como se vive. Ajuda a identificar crenças limitantes e aquelas que nos tornam mais flexíveis, bem como toda a bagagem que carregamos ao longo da nossa jornada, reconhecendo qualidades e pontos fracos a serem desenvolvidos. Assim, vamos nos preparando para aceitar alguns comportamentos, desapegar daqueles que não nos servem mais e reciclar outros, aprendendo a diferenciar o que é nosso do que é do outro.

O segundo passo do processo de psicoterapia é a aceitação: não fugir das emoções negativas, mas aceitá-las. Uma emoção não causa dor, mas a resistência a ela, sim. Isso faz parte do processo de se respeitar e ajuda a melhorar a autoestima e autoconfiança. Não se rotular como uma pessoa ansiosa, por exemplo, mas sim entender que você pode estar passando por uma fase de ansiedade. Não somos nossas emoções, mas as sentimos e somos capazes de controlá-las. Isso facilitará a jornada para desenvolver o controle emocional. Quando não nos aceitamos, não acolhemos nossas limitações, isso faz com que aumente o processo de autocobrança, dificultando lidar com frustrações e superá-las.

As mudanças só acontecem em decorrência da autoaceitação. Quanto mais negamos uma situação, mais ela persiste em nos incomodar. De acordo com Carl Rogers, psicólogo norte-americano que desenvolveu a psicologia humanista, "O curioso paradoxo é que, quando me aceito como sou, posso mudar". Portanto, devemos investir no autoconhecimento e na autoconscientização de quem somos, para então nos aceitarmos e, naturalmente, mudarmos. Precisamos nos colocar como protagonistas dos campos de batalha e não como meros escudeiros. Ou seja: não devemos nos sentir vítimas dos problemas, mas assumir o comando de nossas vidas.

Resiliência

É possível ter resiliência em tempos de crise. Resiliência é a capacidade de superar as adversidades e sair fortalecido, traçar novos caminhos e, ao desenvolver a inteligência emocional, ser capaz de se reinventar e se superar. A crise demanda novas estratégias.

A resiliência se desenvolve por meio de um processo de aprendizagem cuja essência é o autoconhecimento. Assim, precisamos refletir sobre o nosso modo de vida – ou sobre as mudanças que a pandemia impôs em nosso modo de vida –, reconhecer e aceitar as próprias limitações e entender que a saúde mental é tão importante quanto a saúde física, para buscar cuidar de ambas. Dessa forma, podemos, seguir o conselho de sucesso de Beth Carvalho: "Levanta, sacode a poeira e dá a volta por cima".

Práticas que ajudam no bem-estar

O processo terapêutico, em geral, não fica adstrito ao consultório de psicoterapia, e deve ser completado com outras práticas que impactam positivamente no bem-estar. Algumas delas estão listadas a seguir:

- **Exercícios de respiração:** quando não estiver bem, para não deixar que seus sentimentos o controlem, pare e, conscientemente, preste atenção na sua respiração. Faça esse exercício para oxigenar o seu corpo e buscar o seu equilíbrio: sente-se em um lugar confortável, inspire profundamente, encha seus pulmões de ar e, a cada inspiração, segure o ar por quatro segundos e depois expire. Repita o movimento quatro vezes.
- **Meditação e atividade física:** pratique diariamente a meditação para se conectar ao momento presente e ter atenção plena com o "agora". Mente sã, corpo são, porque tanto a mente quanto o corpo são importantes e a saúde de um está relacionada à saúde do outro. Continue a aprender sempre, uma mente jovem o impulsiona a buscar um estilo de vida saudável. Assim como a falta de atividade física deteriora o corpo e afeta a disposição, a falta de exercício mental repercute de forma negativa no indivíduo, provocando a perda de neurônios, por isso a ginastica do cérebro é tão importante. Aprenda um novo idioma, a tocar um instrumento musical, leia livros. Exercitar-se é imprescindível para o equilíbrio emocional. Pratique atividades que façam suar para gerar serotonina, endorfina, dopamina e ocitocina, que são substâncias produzidas naturalmente pelo corpo e que proporcionam sensação de prazer, bem-estar e felicidade. Lute contra o sedentarismo, desafie-se a mudar sua rotina. Substitua o carro por bicicleta ou por caminhadas, troque o elevador por escadas. Previna-se agora de possíveis doenças para não ter que remediá-las. Com força de vontade, você consegue!
- **Altruísmo**: quando ajudamos o outro, recebemos em troca muito mais do que oferecemos. A sensação de ter sido útil a alguém nos enche de alegria e satisfação. Faça trabalhos voluntários, ajude o próximo da forma que você puder.
- **Interação e sociabilização:** esteja em contato com as pessoas que lhe fazem bem, que lhe são caras, como família e amigos. O contato com a natureza e com os animais também traz benefícios, pois quando estamos apreciando o belo e as coisas simples da vida não há espaço para pensamentos negativos e destrutivos.
- **Gratidão:** o sentimento de gratidão é benéfico para saúde física e mental, pois proporciona ondas de bem-estar, cujos reflexos são perceptíveis a longo prazo. Perceber a oportunidade de ser grato implica valorizar as pequenas coisas do cotidiano que fazem a vida ter mais sentido.
- **Pratique o ócio criativo:** em 2002, o sociólogo italiano Domenico de Masi criou o conceito de "ócio criativo", ou seja, a ideia de conciliar momentos de descanso e lazer com rotina de estudo e trabalho. Inserir, no seu dia a dia, pequenas pausas

para realizar atividades que lhe dão prazer e geram bem-estar são fundamentais para que o cérebro produza novas ideias, tornando-o mais criativo e mais produtivo, melhorando, assim, os resultados.
- *Flow*: palavra inglesa que significa "fluir". De acordo com o psicólogo Mihaly Csikszentmihalyi, "fluir" significa "um estado mental no qual o corpo e a mente fluem em perfeita harmonia". Um estado de excelência caracterizado por alta motivação, alta concentração, alta energia e alto desempenho. As experiências de *flow* muitas vezes são lembradas como os momentos mais felizes da vida da pessoa, os momentos em que alguém se sentiu fazendo o seu melhor. Nos motivamos, nos concentramos na atividade, ficamos tão envolvidos que nem notamos o tempo passar. O ideal é substituir atitudes de busca de prazer imediato, como consumir alimentação inadequada ou bebidas alcoólicas para compensar insatisfações, por atividades que geram o flow, como praticar esportes, dançar, tocar um instrumento musical ou trabalhar com o que você mais gosta.

Propósito de vida

O psiquiatra Viktor Frankl, em seu livro *Em busca de sentido* (2008), relata como o ser humano, quando submetido a situações extremas e sub-humanas consegue, ainda assim, encontrar forças para se reerguer e sair do mais profundo abismo emocional. Como compreender que um prisioneiro do holocausto, que viveu nas piores condições possíveis em um campo de concentração, perdeu toda a sua família, sentia-se na iminência de ser o próximo a ser conduzido para a câmara de gás, vendo todos os seus valores sendo destruídos e, apesar disso, tenha sido capaz de manter firme a crença de que o espírito do homem pode se elevar acima de qualquer circunstância? Isso era o que o autor, que passou pelos campos de concentração nazistas, se perguntava quando foi prisioneiro.

Ao buscar o sentido da vida em todas as formas de existência, mesmo nas mais sórdidas, Frankl constatou que as pessoas com maior probabilidade de sobrevivência eram aquelas que se apegavam a metas a serem cumpridas fora do campo de concentração. Esse foi o caso dele próprio que, ao ser libertado e desenvolver com sucesso sua escola de logoterapia, se deu conta de que foi paciente de seu método. Seu objetivo de entender o sentido o levou a ter resiliência e seu propósito lhe deu forças para seguir em frente. Portanto, podemos encontrar um sentido por meio da atitude que tomamos em relação a um sofrimento muitas vezes inevitável. Quando já não somos capazes de mudar uma situação, somos desafiados a mudar a nós mesmos.

Ikigai

Para concluir as reflexões sobre as adversidades em tempos de crise e o que pode ajudar os psicoterapeutas no consultório, bem como os pacientes e aqueles que se aprofundam em sua jornada de autoconhecimento nesse momento, apresento o conceito de ikigai, que vem de moradores centenários de Okinawa, no Japão.

O que nos motiva a levantar da cama todos os dias? Se soubermos a resposta, isso quer dizer que encontramos nosso ikigai, que é a nossa razão de viver.

Chegar ao ikigai significa ter percorrido algumas etapas dos processos descritos anteriormente neste capítulo: descobrir quem é você e o que te faz feliz e buscar chegar a essa felicidade – com autoconhecimento e aceitação que ajudem a enfrentar o sofrimento com resiliência, apoiados pelas práticas que ajudam o bem-estar e tendo encontrado um propósito de vida.

Segundo Miralles e Garcia, autores do livro *Ikigai – o segredo dos japoneses para uma vida longa e feliz*, a ideia por trás disso é que "se você encontra algo que dê sentido à sua vida, isso o faz seguir em frente e o mantém motivado". A conscientização e a vivência dessas práticas ao longo do tempo tornam-se fatores determinantes para direcionar a nossa estabilidade física, emocional e espiritual. É importante estar atento ao modo como levamos a vida, aprender a detectar rotinas nocivas para substituí-las por práticas positivas. Com pequenas mudanças é possível equilibrar-se, elevando assim nossa qualidade de vida, buscando uma vida leve.

Assim, deixo o convite para que busquemos encontrar nosso *ikigai*. Se conseguirmos, certamente carregaremos conosco tudo o que necessitamos para uma jornada plena nas diferentes áreas de nossas vidas.

Referências

CARL, R. *Terapia centrada no paciente*. Martins Fontes, 1951.

CSIKSZENTMIHALY, M. *A descoberta do fluxo*. Rocco, 1999.

FRANKL, V. E. *Em busca de sentido*. Vozes, 2008.

GARCIA, H. MIRALLES, F. *Ikigai – o segredo dos japoneses para uma vida longa e feliz*. Intrínseca, 2018.

MASI, D. de. O. *Ócio criativo*. Sextante, 2000.

15

UM DIÁLOGO B2B
REFLEXÕES DE DUAS AMIGAS, UMA *BABY BOOMER* E UMA *MILLENIAL* SOBRE MUDANÇAS E RESSIGNIFICAÇÕES DE *MINDSETS*

Duas gerações, duas formas de pensar? Não para Isabel Árias e Thaís Batista. Neste capítulo, em forma de diálogo, elas convidam o leitor a entrar no meio de uma conversa entre uma *baby boomer* e uma *millenial* sobre Marketing, Recursos Humanos e *mindsets* de gerações. A conversa se mistura a narrativas filosóficas e, no fim, é possível perceber que nada é tão novo e nada é tão velho assim.

ISABEL ÁRIAS E THAÍS BATISTA

Isabel Árias

Sessenta e quatro anos, desde os 20 na área de RH. Psicóloga, coleciona diplomas da USP e FGV, mas tem orgulho mesmo é dos três diplomas da Harvard e MIT. Foi bolsista nos anos 1999 e 2000. Inovadora, tem na arte da escuta a fonte mais poderosa de desenvolvimento de pessoas, assim como nas metodologias ágeis e no autoconhecimento. Terapeuta de carreira desde 2008, há 12 anos professora de Inovação na ESPM.

Contato
isabel@isabelarias.com.br

Thaís Batista

Full-Stack Marketer nas horas vagas e pagas. Gosta de ler desde bula a anuários. É bem-humorada, gosta de trocadilhos e de tudo que seja deveras inteligente. Nunca teve um artigo publicado em uma revista científica, mas formula teses a cada 5 minutos de sua existência.

Contatos
www.thaisbatista.com
Instagram: @thaez

Naming: conceitos de gerações e seus *mindsets*

Bel: Thaís, como você enxerga essas diferenças de gerações? Esses conceitos fazem sentido para você?

Thaís: Bel, eu acredito que dividir as gerações em X, Y ou Z é bem parecido com a análise dos signos do horóscopo: pessoas do mesmo grupo que compartilham experiências e angústias parecidas. É como se procurássemos algo para nos encaixar e nos diferenciar, ao mesmo tempo. Antigamente, as mudanças demoravam muito para acontecer. Os carros da geração *Baby Boomer* eram praticamente os mesmos e, de modo geral, havia poucas opções. Talvez por isso pouco se mudava. Hoje, o *mindset* é diferente e nunca se mudou tão rápido.

As invenções permitiram essa velocidade, principalmente quando passamos a personalizar as coisas. Este é o *zeitgeist* atual: voltar-se para dentro. Antes, a propaganda era só no rádio, depois na TV, agora é no celular.

Mas, independente da geração, mudar é sempre difícil. E, para cada época, parece ainda existir uma cobrança específica aos valores do momento. Em geral, os temas são os mesmos: dinheiro, família, sociedade, relacionamentos e comportamento.

Seus pais se casaram aos 30 e, na mesma idade, formaram família? As pessoas viviam em tempos de guerra ou paz? A mídia dominante era televisão, rádio ou Facebook? Essas são algumas perguntas que cada década pode responder de uma maneira.

Tudo isso tem a ver com revoluções: os *Baby Boomers* são a geração de protesto que busca pela segurança. Os *Millennials* e gerações posteriores vêm quebrar os paradigmas dos novos moldes de família. Enfim, cada geração tem seus valores, mas, no fim, sempre revogamos o reconhecimento.

Timing: o tempo de Chronos e Kairós

Bel: Sabe, Thaís, eu gosto muito do mito de Chronos e Kairós. Na filosofia greco-romana, Chronos é o deus do Tempo, e seu neto Kairós é a experiência do momento: é o que entra no Chronos e produz emoção, mudança de foco. Essa história, tão antiga, é tão atual que consegue elucidar sobre como nos relacionamos com o tempo hoje.

Thaís: Também gosto muito, Bel! Quando eu estudava semiótica psicanalítica, li que Kairós era o tempo do inconsciente. Aquilo que não temos controle. (FREIER, 2006)

Bel, como está este tema nas empresas?

Bel: Thaís, o tempo continua implacável. O calendário, as horas, a rotina, esse é o tempo de Chronos. A sensação é de que o dia tem menos de 24h. Mas, ao lado de Chronos, está Kairós, o deus do momento oportuno. Diz-se no mito que Kairós corria rapidamente e só era possível detê-lo agarrando-o pelos cabelos, encarando-o.

No Museu do Prado, em Madri, está exposto um quadro de Francisco de Goya, chamado Saturno devorando um filho, que retrata bem o mito: além de implacável, Chronos devorava seus filhos e esta seria uma condição impossível de ser mudada.

Trazendo a referência aos nossos dias, claramente romantizamos o ato de estarmos sempre ocupados – metaforicamente engolidos por Chronos. No entanto, em vez de enxergarmos isso como algo terrível, simplesmente aceitamos. A questão é que, ao mesmo tempo, deixamos de lado o tempo de Kairós. Então, quando menos percebemos, ele se impõe a nós. Tentamos afastá-lo, mas não conseguimos, porque o inesperado que Kairós traz é um sentimento muito primitivo e nos faz fazer diferente do que havíamos planejado. Mas aí vem o tempo de Chronos, novamente, e tenta nos engolir dizendo que já não temos mais idade. Esse tipo de pensamento é a morte da inovação.

Por isso, é preciso ser e estar presente. *Awareness* é vida daqui para a frente.

Awareness: ser/estar presente

Bel: O que é *awareness* no marketing?

Thaís: Quando queremos ser lembrados como marca, criamos campanhas de *brand awareness*. O objetivo é destacar uma marca para diferenciá-la e, consequentemente, trazer mais valor de mercado. Em geral, as campanhas bem-sucedidas de *awareness* são aquelas em que a gente investe bastante esforço em frequência: estamos presentes em todos os lugares, e em todos os canais para dizer ao consumidor: "Nos perceba, estamos aqui com e por você."

Bel, e nas ciências humanas, como este conceito se desenvolve?

Bel: O remédio é tão antigo quanto a humanidade. Chama-se meditação. Meditação é "voltar para casa". Com a prática de meditar buscando o silêncio interior, conseguimos gerar conforto emocional para os momentos mais difíceis, trazendo tranquilidade e capacidade de viver o momento presente integralmente.

Meditar pode ter técnicas, mas, para gerar o que estamos chamando de presença, aposto que ao apreciar uma nuvem no céu, uma flor, uma chuva, estamos meditando, estamos aumentando nosso espaço e disponibilidade emocional.

Mindset hoje é ter estabilidade na instabilidade e saber ouvir.

Market Share: mercado desde o da sua esquina até a China

Nos anos 1970, a China era pobre, estagnada, ineficiente e relativamente isolada da economia global. Mas, desde que aquele país criou possibilidades ao comércio exterior, se tornou uma das maiores economias do mundo.

Não à toa, vem de lá a maior plataforma de *marketplace* do planeta, Alibaba, que rompeu com o tradicional modelo do varejo de estoque próprio, e abriu possibilidades em uma nova plataforma colaborativa de vendas, descentralizando as operações de logística e inventário de si própria, abrindo o canal para a livre comercialização entre fornecedores terceiros (*third parties*).

Alibaba revolucionou o varejo como um todo, não só como *e-commerce*. Seu modelo de negócios trouxe ao comércio, uma espécie de "efeito borboleta" (LORENZ, 1972), onde uma simples modificação em um sistema pôde ocasionar resultados significativos, e de maneira não linear, em sistemas mais complexos.

Esta profunda, intensa e complexa mudança abriu espaço para Ominicalidades. Não só pelo fato de tornar possível ao consumidor comprar on-line e retirar em sua casa, mas por também possibilitar que pequenos fornecedores comprem mais barato da China para revenderem em outros grandes *players* relevantes em seus países. Isto não é nenhuma novidade desde a reinvenção da economia chinesa, só que, pós-Alibaba, ficou ainda mais acessível.

Breakeven: quebrando sistemas pelo autoconhecimento

Thaís: Bel, o autoconhecimento é capaz de quebrar sistema de crenças e valores?

Bel: Sim, Thaís. Ouso dizer que é uma das mais fortes ferramentas para esse fim, e, veja, o momento mais propício para a mudança e adaptação de *mindsets* é quando se olha para dentro de si e, a partir daí, se projeta no mundo: quem sou eu? De onde eu vim?

A questão passou a ser: como ensinar autoconhecimento?

A mudança é individual e o "quem sou eu" sai dos consultórios para o dia a dia das pessoas. A motivação e resiliência são as únicas formas de mudança.

Como me comunicar individualmente?

Nos últimos 30 anos, entidades como Harvard, MIT, Stanford, fortalecem pesquisas e focam nos resultados sobre felicidade no trabalho, forçando mudanças nos valores empresariais e nas práticas desses valores, na forma de desenvolver pessoas e treinar conhecimentos técnicos. Aqui juntam-se o ser humano ao ser trabalhador. A unicidade e a necessidade de adaptação rápida está intimamente ligada ao autoconhecimento.

A tecnologia no Brasil não poderá crescer mais se não estiver acompanhada do crescimento humano. As áreas de humanas e técnicas também se juntam formando uma nova capacidade humana. O caminho agora é sem volta e é autoevolução que conta no final do dia.

Turning point: de oratória para escutatória

> *É incrível ouvir. [...] Estar por um momento sem pedir, sem esperar, é a coisa mais simples que existe. Liga você a todos os seres, a todos os mundos.*
> Eric Barte

Thaís: Bel, qual é a tendência na arte de desenvolver pessoas?

Bel: Nos treinamentos empresariais, além da tecnologia, a principal busca é pelo desenvolvimento das *soft skills*, como se fosse possível separá-las das *hard skills*.

A tendência urgente está na consideração da unicidade, os lados esquerdo e direito juntos formando um novo conhecimento. O conhecer ao outro.

Ou vai acontecer agora uma grande mudança (pós-covid-19), ou pode demorar muito tempo para ter outra situação assim tão favorável e rápida para um novo *mindset*, com mais delegação, mais confiança, mais crença a partir do olhar para dentro de si mesmo, inclusive através do outro, porque não tem como a gente separar o escutar ao outro do ouvir a si mesmo.

Os líderes precisam aprender a abrir a escuta para compreenderem as pessoas, para darem voz a todos, conhecerem as necessidades mais básicas para sustentabilidade do relacionamento e sucesso da empresa.

Cito aqui dois pensadores que escreveram sobre o tema: um é o Rubem Alves, muito feliz no seu verso sobre escutatória.

"Sempre vejo anunciados cursos de oratória. Nunca vi anunciado curso de escutatória. Todo mundo quer aprender a falar. Ninguém quer aprender a ouvir. Pensei em oferecer um curso de escutatória. Mas acho que ninguém vai se matricular. [...] A gente não aguenta ouvir o que o outro diz sem logo dar um palpite melhor, sem misturar o que ele diz com aquilo que a gente tem a dizer."

O outro é Joseph Jaworski, no livro *Sincronicidade*, dedicado à importância da escuta para os líderes, resumido dessa forma:

"Apenas estar lá para os outros e escutá-los é uma das mais importantes capacidades que um líder pode ter. Desperta o melhor das pessoas por permitir que elas expressem o que existe em seu interior. Se alguém me escuta colocar em palavras o que estou sentindo, então meus sentimentos passam a ter substância e direção e eu posso agir."

Estamos na era da escuta. Quanto mais o outro me escuta, mais eu posso expressar a mim mesmo e mais seguro me torno.

Agradecimentos

Bel: Sem o Dada não teria sido possível, a Eline, pelo envolvimento e paixão com o tema, e a Thaes.

Thaís: Agradeço à minha família (Lu, Lê, Gutcha, Leo, Mari, Isaac e Salsicha, minha pet). Também agradeço à Débora, por me incentivar a escrever mais e à Clau, minha querida terapeuta.

Referências

ALPERT, F.; KAMINS, M. An empirical investigation of consumer memory, attitude, and perceptions toward pioneer and follower brands. *Journal of Marketing*, 1995.

ALVES, R. *Escutatótia*. Disponível em: <https://edisciplinas.usp.br/pluginfile.php/4132953/mod_resource/content/1/Texto%20de%20Rubem%20Alves.pdf>. Acesso em: 10 out. de 2021.

CASTRO, J. O. de.; CHRISMAN, J. J. *Order of market entry, competitive strategy, and financial performance*. Disponível em: <https://www.sciencedirect.com/science/article/abs/pii/014829639400066N>. Acesso em: 10 out. de 2021.

FREIER, M. *Time Measured by Kairos and Kronos*. 2006.

GOYA, F. de. *Saturno devorando um filho* (1819-1823). Museu do Prado, Madrid.

ISAACS, W. *Dialogue and the art of thinking together.* Nova Iorque: Currency, 1999.

LORENZ, E. U. 1972. *Predictability: Does the Flap of a Butterfly's Wings in Brazil Set off a Tornado in Texas?* Disponível em: <https://www.ias.ac.in/article/fulltext/reso/020/03/0260-0263>. Acesso: 10 out. de 2021.

PORFÍRIO, F. *Mito da caverna.* Disponível em: <https://brasilescola.uol.com.br/filosofia/mito-caverna-platao.htm>. Acesso em: 18 nov. de 2021.

SARTAIN, L.; SCHUMANN, M. *Brand from the Inside.* Editora Jossey-Bass, 2008.

16

O QUE AS EMPRESAS ESPERAM DE SEUS FUNCIONÁRIOS NO NOVO NORMAL

A pandemia do novo coronavírus deixará marcas sociais que jamais serão esquecidas. As transformações repentinas que muitos empresários tiveram de fazer para sobreviver à crise impactarão nas futuras relações de trabalho. Diante de tantas mudanças, o profissional também terá de se reinventar, mas o que as empresas esperam da equipe com o novo normal? Quais são as novas habilidades exigidas no mercado de trabalho? Será que os trabalhadores estão preparados para o mundo pós-pandemia?

JÂNIA CORREIA

Jânia Correia

Psicóloga graduada pela Multivix Cachoeiro (2015), formação em Pedagogia pela Universidade Paulista (2016), graduanda em Gestão de Recursos Humanos pela Unopar Cachoeiro, pós-graduada em MBA em Legislação Trabalhista e Direito Previdenciário pela BSSP, pós-graduanda em Neurociência, Psicologia positiva e *Mindfulness* pela PUC. Atuação profissional como psicóloga empresarial, *business partner*, consultora de carreira e palestrante sobre Comportamento Organizacional e Etiqueta Corporativa. Apresentadora do quadro *Job News*, na TV Record News – ES.

Contatos
www.janiacorreia.com.br
janiacorreia@hotmail.com
LinkedIn: Jânia Correia
Instagram: @janiacorreia_
Facebook: Jânia Correia Psicóloga
28 99905 7025

> *O segredo é não correr atrás das borboletas...*
> *É cuidar do jardim para que elas venham até você.*
>
> Mário Quintana

Ao longo da história da humanidade, inúmeras crises impactaram diversos fatores sociais. O interessante de todas elas são as ideias e oportunidades que foram concretizadas em ações e que se tornaram uma normalidade no atual cenário. Com a pandemia do novo coronavírus não foi diferente: muitas ideias surgiram e o vírus trouxe novas mudanças, principalmente sobre higiene e a forma de se relacionar com o outro. Quando citamos o termo *novo normal*, referimo-nos a um novo padrão de comportamento, ao qual o homem deverá adotar para sobreviver diante das consequências que o vírus ocasionou. Dentre todas as mudanças geradas pela pandemia, o mercado de trabalho é o que será mencionado neste capítulo.

Nos trabalhos do futuro, já é esperada uma série de alterações no ambiente corporativo. A tecnologia nos processos e o trabalho *home office* são algumas das tendências que já estavam sendo aplicadas em algumas empresas e, com o surgimento da covid-19, muitas organizações que estavam resistentes precisaram se adaptar em um curto espaço de tempo. Devido à necessidade do isolamento social, trabalhar em casa foi a alternativa para não paralisar as atividades, e adaptar a rotina do escritório à da casa foi um desafio não somente para os gestores, mas também para os funcionários que se depararam com uma realidade que requer organização e equilíbrio emocional.

Desde do início da pandemia, o mercado de trabalho sofreu um forte impacto. Segundo o IBGE, no Brasil foram mais de 12 milhões de pessoas que ficaram desempregadas e pelo menos 600 mil micro e pequenas empresas fecharam as portas. Com o comércio fechado e a queda na produção, o mercado ficou frágil e muitos profissionais tiveram de se reinventar para sobreviver. Mesmo com tantas perdas, existe uma grande expectativa após a crise. Uma delas é a gestão da indústria 4.0, inovação que estava sendo discutida de forma sutil e que chegou como uma solução para reenquadrar o modelo de negócio ao novo cenário.

A produção na indústria 4.0 ou 4ª Revolução Industrial caracteriza-se em mudanças radicais que trazem a inserção da tecnologia nos processos de trabalho e nas relações sociais. A nova era mundial é movida pela robótica, inteligência artificial, *big data* e a internet das coisas. A automatização é algo que estava sendo projetado para um futuro distante, porém, nota-se que com a crise do novo coronavírus muitas empresas precisaram adotar esse mecanismo para inovar seus processos. A nova fase 4.0 é uma realidade, e quem não buscar qualificação necessária para aderir às transformações do mercado vai perder espaço diante das inovações que estão chegando sem pedir licença.

Com a tecnologia dominando o mercado e a robótica substituindo alguns postos de trabalho, as empresas passaram a ser mais exigentes no ato da contratação de pessoal – o funcionário deverá apresentar habilidades humanas que não serão substituídas pelas máquinas, além de amplo domínio dos recursos digitais. Quem pretende crescer na carreira dentro de uma empresa ou de forma autônoma deverá assumir uma nova postura profissional, uma vez que a 4ª Revolução Industrial também impactou no perfil do colaborador. Assim, a chamada carreira 4.0 apresenta novas habilidades comportamentais que já são exigidas pelas empresas. Você está preparado?

Carreira 4.0: perfil do profissional diante do novo normal

O setor de recursos humanos está encarando um novo desafio diante das mudanças do mercado: encontrar um profissional qualificado e que atenda aos requisitos solicitados pela empresa requer um olhar mais apurado. Com as novas habilidades exigidas no mercado 4.0, a procura é pelas *soft skills*, conceito utilizado pelos profissionais de RH para definir as habilidades subjetivas. O novo termo enfatiza a influência do comportamento interpessoal no sucesso profissional, ou seja, as *hard skills* (habilidades técnicas) não são suficientes nas relações de trabalho.

Considerando esse novo perfil, nota-se que ter uma formação acadêmica não significa que você terá sucesso na carreira. Os profissionais serão avaliados diariamente pelo desempenho na equipe. O *feedback* sobre o comportamento no trabalho é algo que fará parte da comunicação empresarial, o que requer postura, etiqueta corporativa e excelência nos resultados.

Para aqueles profissionais que desejam crescer e ter sucesso nessa nova fase do mercado de trabalho, separei seis habilidades dentro do conceito de *soft skills* que as empresas esperam dos funcionários.

1. Liderança positiva

Quando se fala em liderança, muitos associam ao perfil do gestor da empresa, mas liderar é uma habilidade que todos devemos ter. Primeiramente, devemos ser líderes da nossa vida e das escolhas que fazemos. Quando tratamos de ambiente de trabalho, ter uma liderança positiva significa contribuir para um espaço de confiança, planejamento e motivação. Seja qual for a função que você exerce, é importante que tenha autonomia, segurança e otimismo em cada etapa da atividade.

Um profissional que vive reclamando não faz questionamentos e, acima de tudo, não apresenta soluções, não contribui para o crescimento da empresa, pelo contrário, só proporciona um ambiente pesado e negativo. Ter uma comunicação positiva e um papel ativo nos processos são habilidades que beneficiam ambas as partes. O empregador terá os resultados necessários e o empregado terá a oportunidade de explorar novas aptidões.

2. Etiqueta corporativa e ética

Grande parte das empresas tem um regulamento interno para manter um funcionamento mais eficiente frente às expectativas dos seus colaboradores. No primeiro dia de trabalho, o gestor de RH informa todas as obrigatoriedades a serem cumpridas, desde a comunicação com a hierarquia até a utilização das ferramentas de trabalho.

O problema é quando as regras não são cumpridas. A falta de ética no trabalho mantém o perfil do empregado em caráter suspeito, por exemplo, quando ocorrem mentiras frequentes, compartilhamento de informações sigilosas da empresa com um concorrente, fofocas, intrigas, brincadeiras abusivas, piadas ofensivas e mania de falar mal da gestão para os colegas de trabalho e clientes. Esse tipo de perfil, além de prejudicar o clima organizacional, é um péssimo exemplo para a equipe, que pode ser influenciada sem perceber. Nesse novo modelo de mercado, muitas empresas estão buscando capacitação e investindo cada vez mais em suas equipes. A proposta é ter profissionais que acreditam nos valores da organização e tenham uma postura ética frente aos processos que são exigidos.

3. Trabalho em equipe

Um grande diferencial no mundo corporativo é saber lidar com as pessoas em prol dos resultados da empresa. A excelência na produtividade consiste em ter grupos com os propósitos alinhados. Mesmo diante de tantas transformações, ainda é comum encontrar profissionais com mentalidade ultrapassada, que acreditam ser melhores que seus colegas de trabalho e desvalorizam a atividade dos outros.

O individualismo e a falta de comunicação são obstáculos que impedem a harmonia entre os grupos. Saber expressar opiniões e respeitar as diferenças são habilidades essenciais para manter o equilíbrio na equipe. O ruído na comunicação ou as famosas "indiretas" prejudicam o andamento dos processos. O trabalho em equipe promove vários resultados positivos, permitindo a troca de experiências e ideias produtivas, além de contribuir para um ambiente mais leve e empático.

4. Inteligência emocional

A inteligência emocional é uma das habilidades mais requisitadas nas empresas. O profissional que apresenta essa habilidade consegue administrar suas emoções de forma assertiva, sabe lidar com as pressões diárias e identificar os pontos que geram estresse, sempre buscando superar os obstáculos com soluções. Para desenvolver a inteligência emocional o profissional precisa ter autoconhecimento: só assim saberá lidar com situações de estresse e conflitos sem canalizar as emoções de forma negativa.

Ao identificar seus limites e potenciais, o profissional também alcançará um melhor desempenho na empresa, pois tem conhecimento das suas emoções e saberá administrá-las de acordo com cada situação ou imprevistos na rotina do trabalho. Inteligência emocional é ter resiliência para gerenciar conflitos, evitando agir sob estresse ou tomar decisões por impulso.

5. Responsabilidade e organização

O modelo tradicional de gestão empresarial tende a mudar com as transformações sociais. Habilidades como responsabilidade e organização sobre as atividades desempenhadas são cruciais para o sucesso na carreira. Não é produtivo para a empresa ter um profissional que precisa, a todo momento, ser supervisionado em sua função, ou seja, é necessário ter autonomia e cumprir os prazos sem cobranças e monitoramentos exagerados. Essa habilidade vai exigir que o colaborador saiba gerenciar o seu tempo, de forma que todas os processos sejam executados com qualidade, independentemente da presença de um supervisor.

Uma equipe com pessoas que não conseguem administrar o próprio tempo acaba causando prejuízo para a empresa. Sabe aquele profissional que nunca tem tempo suficiente durante o dia? Vive na correria e nunca apresenta os resultados dos seus projetos? Esse perfil, além de gerar estresse na equipe, não proporciona os resultados que a empresa necessita.

6. Habilidade com tecnologia e capacidade analítica

Sabemos que a tecnologia mudou a maneira de o homem se relacionar e no ambiente corporativo não foi diferente: novos recursos e ferramentas de gestão foram surgindo ao longo do tempo, o que exigiu do funcionário conhecimento sobre a tecnologia da informação. Seja qual for a área de atuação, a internet e as ferramentas digitais estão em todos os cantos, realidade esta que gera conflitos com gerações anteriores, exigindo busca constante por capacitação na era digital.

Para que ocorra o desenvolvimento na visão tecnológica, a empresa necessita de profissionais que possam contribuir para a inovação e que façam a diferença na realização das suas atividades. A resistência à mudança e o medo de utilizar operações modernas atrapalham a produtividade. Muitas empresas ficam presas com armazenamentos manuais por ter gestores que não acompanham as inovações do mercado.

As mudanças ocasionadas pela pandemia levaram muitas empresas a mudar rapidamente os modelos de negócio. Muitos empresários tiveram que buscar *softwares* para ampliar a gestão durante a crise, seja para o trabalho *home office* ou até mesmo para os processos de vendas via internet, como a modalidade de *e-commerce*. Neste percurso, é essencial um perfil criativo e com mente aberta para o novo, um novo que requer não somente habilidades técnicas, mas, principalmente, valores comportamentais.

A gestão do RH na geração Z: como encontrar o talento que a empresa precisa?

Um dos trabalhos do setor de Recursos Humanos é buscar no mercado um profissional que a empresa precisa para proporcionar os resultados na função desejada. Essa missão tem sido cada vez mais difícil diante desse novo cenário. É uma realidade que exige investimentos em processos de seleção focados em mapeamento comportamental e que seja assertivo para evitar o índice de *turnover*.

Dentre vários desafios que o RH tem enfrentado, destaca-se a gestão com a geração Z, os nascidos a partir do ano de 1995. Uma das suas principais características é o fato de terem nascido utilizando a tecnologia e a internet no dia a dia. Essa condição fez com que a visão da vida profissional seja muito diferente das gerações anteriores, condição que pode ser positiva ou negativa, principalmente em relação ao comportamento e relacionamento interpessoal.

A geração Z está dominando o mercado de trabalho. Segundo dados da Organização das Nações Unidas (ONU), o perfil representa 32% da população mundial e eles trazem uma nova forma de pensar o ambiente de trabalho.

Dentre as características comuns dessa geração destacam-se o imediatismo. Esse público busca resultado de forma rápida, não tem paciência para esperar o crescimento da carreira e nem processos de trabalho longos, o que requer atuação em um trabalho mais dinâmico e autônomo. Eles são desprendidos, têm tendência de pensar no próprio desenvolvimento e estilo de negócio e não ficam presos a uma única empresa, sempre visando novos desafios, perfil que pode gerar aumento de *turnover*. Esses jovens têm comportamento empreendedor, almejam a independência financeira e um modelo de negócio que seja rentável e que proporcione qualidade de vida.

Antes de buscar o talento na geração Z, a empresa precisa identificar se possui os valores que eles buscam. Uma gestão que não tem perspectiva de crescimento profissional e possui processos arcaicos terá conflitos, o que consequentemente irá impactar nos resultados desejados. A pandemia acelerou as transformações que já eram previstas e, para que essa transição aconteça de forma produtiva, é importante que tanto o colaborador quanto a empresa tenham um *mindset* de crescimento para aceitar as mudanças e buscar as qualificações necessárias para corresponder ao novo normal. Como dizia Albert Einstein: "A mente que se abre a uma nova ideia jamais voltará ao seu tamanho original".

Referências

IBGE – Instituto Brasileiro de Geografia e Estatística, 2020. Disponível em: <https://www.ibge.gov.br/explica/desemprego.php>. Acesso em: 10 out. de 2021.

QUINTANA, M. *Poesia completa.* Rio de Janeiro: Nova Aguilar, 2005.

REVISTA VOCÊ RH. 65. ed. São Paulo: Grupo Abril, 2020.

17

SIMBORA EMPREENDER: O QUE SEPARA VOCÊ DAS TRÊS LIBERDADES?

O mundo das vendas físicas está desaparecendo. O digital chegou para ficar. Neste capítulo, o autor revela como saiu do negativo (–R$ 500 mil reais) para faturar múltiplos 6 dígitos mensais e alcançar o primeiro milhão on-line. Além disso, conta um pouco da sua jornada e apresenta os 6 Ds do crescimento exponencial.

JOÃO NETO

João Neto

Empreendedor, palestrante, idealizador do movimento SIMBORA Empreender, especialista em marketing digital e redes sociais. Dono e fundador de várias empresas, bateu a marca dos 7 dígitos em faturamento com uma de suas empresas. O primeiro a receber o prêmio 6em30 da região norte, coleciona premiações. Após ter vendido casa, carro e investido mais R$ 500.000,00 para aprender com os melhores, inclusive com experiências internacionais, como no Vale do Silício, o empreendedor rondoniense não para e quer compartilhar seu sucesso com todos à sua volta: "Não cheguei aqui sozinho e me sinto na obrigação de compartilhar os meus bastidores" – revela o autor.

Contato
joaoneto@simboraempreender.com.br

Medo. Acredito que isso é o que resume 2020, 2021 e talvez 2022. Empresas fechando, placas de aluguel por toda parte e o pequeno e médio empresário se perguntando o tempo todo: Até quando eu vou aguentar?

Uns chamam de *lockdown*, outros de medidas restritivas, assim como temos aqueles que chamam de "fase". Não importa o nome: a realidade é que quem está sofrendo é você. Colocar comida na mesa é essencial? Fica minha crítica. Entendo o que você talvez esteja passando, mas quero trazer aqui um dado curioso: você já percebeu que existem muitas empresas faturando com toda essa crise?

Mesmo sendo um ano particularmente difícil para as bolsas, as ações da Zoom (ZM) dispararam 151,4% desde o começo de 2020, saltando da casa dos US$ 68 para o patamar de US$ 171,06 no mesmo ano. O marketing digital também vem batendo recordes de faturamento e posso falar por conta própria – algumas das minhas empresas nunca faturaram tanto: múltiplos 6 e 7 dígitos no ano com a venda de conhecimento pela internet. Todo mundo falando em 6 em 7, 6 em 1, 7 em 7, enquanto alguns empresários estão sofrendo para pagar as contas e tristemente estão vivendo de trocos. Entendeu o contraste?

Por um lado, temos um mundo caótico, o mundo das vendas "físicas", em que os comércios estão cada vez mais restritos e o empresário, em certo momento, não pode sequer ir ao seu local de trabalho. Como se não bastasse, as pessoas estão com medo de sair e comprar, e adquiriram um novo hábito: o de comprar on-line. O Mercado Livre, por exemplo, cresceu 185% na pandemia e se tornou um titã do mercado regional.

Por outro lado, temos várias e várias pessoas "digitalizando" seus negócios, migrando para o on-line. Estão "vivendo do digital", alcançando não só um maior faturamento, empurrado pela nova tendência de vendas on-line, como também estão tendo menos custos com estrutura física, funcionários e atendimentos.

Os empresários do "novo normal" estão digitalizando, desmaterializando e automatizando seus processos e conseguindo liberdade de tempo (por causa de sistemas on-line que operam 24/7), liberdade financeira (impulsionado pela nova demanda, da necessidade do atendimento, produtos e serviços on-line) e liberdade geográfica (como tudo é on-line, agora todos podem trabalhar de qualquer lugar do mundo).

Temos um mar de oportunidades para oportunistas. Por mais que vivamos na era de ouro do marketing digital, também estamos na era do oportunismo digital. Qualquer um pode falar que faz, poucos fazem e menos ainda provam que fazem. Sim, o digital é um sonho e as três liberdades são possíveis, porém, você deve aprender, deve buscar atalhos com quem já vive do digital – não com quem fala que faz, porém ainda não conseguiu proporcionar resultados para si próprio. Meu caminho não foi fácil, mas me sinto na obrigação de ensinar o que sei, pois entendo o que a maioria dos empresários estão passando hoje.

O caminho foi tortuoso: nem sempre fui um empreendedor de sucesso

Eu quebrei várias vezes. Não foi só uma vez! Eu sei o que é a dor do desespero. De não saber o que fazer, ver os boletos chegando, as ligações de cobrança acontecendo e olhar de camarote uma empresa que representava um sonho sendo massacrada pelo mercado. Mesmo após acumular R$ 500.000,00 em dívidas, não desisti, busquei me qualificar e mudar primeiro o mais importante: meu *mindset*. Aconselho você a fazer o mesmo: comece trabalhando o seu *mindset*. A sua visão de mundo. A pandemia é um atraso de vida ou uma oportunidade para você crescer como nunca? Só você pode responder essa pergunta com atitudes.

O primeiro passo: esqueça os limites e quebre os paradigmas, superando seus próprios limites.

Decisões e escolhas dependem somente de nós. APENAS VOCÊ PODE MUDAR A SUA VIDA. Agradeça pelo que você já conquistou e vá em busca dos seus objetivos.

- Como está sua vida?
- Como está seu negócio?

Todos nós temos o direito de errar, mas também temos o direito de fazer uma boa plantação e colher bons frutos. Não podemos culpar as pessoas por nossos erros. É possível que você mesmo encontre as soluções onde ninguém mais consegue ver. Aprendi que os desafios ajudam criar novas estruturas de consciência e aprendizagens, com a busca de resolução de problemas. Para mim, esse processo pode colocar pessoas em um lugar e momento para que façam projetos parados realmente acontecerem. Percebo que muitas pessoas precisam ter "sede" de levar o seu negócio para o próximo nível.

Ação sem projeto é tempo desperdiçado. Projeto sem ação, foco e conscientização é investimento mal feito.

Coragem: não pare até se tornar tudo o que sonhou! Vamos à prática. O primeiro passo é, então, orientar o seu *mindset* (mentalidade) para o sucesso. Aqui vão algumas dicas iniciais essenciais:

- Agradeça diariamente por tudo o que você tem;
- Não é SE você vai conseguir, mas sim QUANDO;
- Não existe fracasso, você apenas descobriu a maneira de não fazer algo;
- Perceba qual é o seu desejo ardente;
- Transforme esse desejo em um propósito definido;
- Desenvolva planos para realizar esse objetivo;
- COMECE – o passo inicial é o mais difícil e o mais importante;
- Corrija a rota sempre que precisar.

Orientando seu *mindset* para o sucesso, desenvolvendo planos práticos para alcançar o seu objetivo, você consequentemente chegará lá. Outra questão de *mindset* é ter um grande objetivo, para que, mesmo não chegando lá no tempo que você planejou, pelo menos estará bem melhor do que está agora. Mire na lua, se errar estará entre as estrelas.

Competência: os 6 Ds do crescimento exponencial

Com o *mindset* orientado para o sucesso, fazendo planos práticos para chegar lá e movimentando-se diariamente para chegar ao seu objetivo, você precisa saber como crescer. Afinal, temos, sim, que sonhar e pensar corretamente, mas sem competência, não conseguimos chegar muito longe. Com meio milhão de reais investidos em conhecimento, fica evidente que dou muito valor ao desenvolvimento de competência.

Em 2019, após estudar no Vale do Silício e estar entre empresas mundiais em São Francisco, na Califórnia, e entender como eles pensam, como agem, o que fazem e por que fazem o que fazem, acabei descobrindo que os 6 Ds do crescimento exponencial sintetizam, e muito, o crescimento de qualquer empresa neste novo milênio.

O primeiro D significa DIGITALIZAR, e está relacionado com a entrada na cultura digital e na digitalização dos processos, que é algo extremamente essencial ao momento. Isso não é futuro, é presente. É preciso estar atento às *lives*, excesso de cursos e investimento em conteúdo desnecessário nas redes sociais. É preciso priorizar as necessidades. O excesso de trabalho sem o retorno esperado gera o segundo D, que nos remete à DECEPÇÃO, que pode gerar desistência do investimento.

No entanto, com os conhecimentos que compartilho com você, é possível caminhar para o terceiro D, da DISRUPÇÃO. Ou seja, a pessoa se torna um diferencial no mercado, criando movimentos inovadores. Essa pessoa se apresenta diferente e chama a atenção para seu negócio ou serviço. Fica uma provocação: como você pode criar algo disruptivo na sua área?

O próximo D trata de DESMATERIALIZAR, e isso significa inovação. Favorece um pensamento sobre o que era físico e virou digital. Preste atenção em uma coisa: **todo mundo está on-line**. Ponto final. Ou sua empresa "se digitaliza" ou logo você ficará para trás.

Quando falo do quinto D, quero que você considere a DESMONETIZAÇÃO. Ela acontece quando o que era caro começa a ter um preço mais acessível e se tornar mais barato. A desmonetização leva à DEMOCRATIZAÇÃO. Ao democratizar, as condições se tornam igualitárias e os meios se tornam comuns. Consequentemente, é preciso se reinventar e mostrar para o mercado o motivo pelo qual seu produto merece ser o escolhido, ou para o caso de um posicionamento *premium*, porque o cliente deve pagar mais caro por ele e não comprar do concorrente.

Isso é posicionamento de marca e análise do mercado. Um diferencial aqui é que, no ambiente on-line, a *expertise* de gestão de tráfego é importante, afinal, uma boa gestão diminui os custos por venda e aumenta o lucro.

Em qual estágio dos 6 Ds você identifica seu negócio?

Perceba pelo gráfico que, após digitalizar, temos um grau de ineditismo muito alto, com muitos desafios que exigem aprendizado. É natural, portanto, a decepção, o fracasso temporário – que também podemos chamar de descobertas – de como não fazer algo. Existe um atalho para essa fase, para esse início. Eu investi 500k nesse atalho e hoje faturo múltiplos 6 dígitos mensais e 7 dígitos anuais. Esse atalho significa aprender com quem já sabe o que está fazendo.

Não perca seu tempo tentando reinventar a roda. Se você tiver recursos financeiros para isso, invista em uma boa mentoria, em um bom curso/acompanhamento.

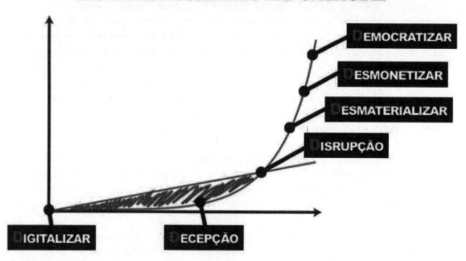

Para falar a verdade, eu não tinha dinheiro, mas vendi meu carro e minha casa para fazer acontecer. Simbora empreender?

Referências

AGUIAR, V. *Mercado em tempos de pandemia: a Zoom já vale mais que a Petrobras*. Disponível em: <https://www.seudinheiro.com/2020/empresas/zoom-valor-de-mercado-petrobras/>. Acesso em: 10 out. de 2021.

E-COMMERCE BRASIL. *Com pandemia, Mercado Livre cresce 185% e ser torna titã regional*. Disponível em: <https://www.ecommercebrasil.com.br/noticias/mercado-livre-tita-regional-coronavirus/>. Acesso em: 10 out. de 2021.

18

O ENVELHECIMENTO ATIVO E A IMPORTÂNCIA DO *MINDSET* DE DESENVOLVIMENTO

Para se conquistar um envelhecimento ativo, um dos pressupostos é ter um *mindset* de desenvolvimento e, assim, não focar nas perdas, mas criar uma perspectiva prazerosa nessa nova fase da vida. Além disso, o que não acontecer da maneira desejada, deve ser visto como aprendizado adquirido e forma de superar os desafios apresentados.

JUDITH BORBA

Judith Borba

Bacharela em Direito pela UFPE com especializações em Psicologia Jurídica (Fafire), Direitos Humanos (Unicap) e Psicologia Positiva pelo IPOG/PB. Formada em Hipnose Ericksoniana, Programação Neurolinguística (PNL) e Posicionamento Sistêmico pelo Instituto Ubuntu de Desenvolvimento Humano e Coaching. Certificada pelo Instituto Brasileiro de Coaching - IBC, em *Professional & Self Coaching* e *Leader Coach*; formações reconhecidas internacionalmente pela Global Coaching Community (GCC), European Coaching (ECA), International Association of Coaching (IAC) e pelo Behavioral Coaching Institute (BCI), órgão que congrega os principais *coaches* e entidades de *coaching* no mundo. O BCI atua em parceria com o International Coaching Council. Formada pela Faculdade Monteiro Lobato, em Goiânia/GO, no Curso de Extensão Acadêmica em *Professional Self Coaching*. Na área de *storytelling*, tem formação de: contadora de história pelo Grupo Zambiar; treinamento como voluntária e associada da Empreendeler; contoterapeuta pelo Instituto de Desenvolvimento Humano Ipê Roxo. Como membro do Ministério Público e por ter atuado como promotora de justiça do idoso, tem várias teses aprovadas nos Congressos Nacionais e Estaduais do Ministério Público e como palestrante em Direitos Humanos, tudo na perspectiva de valorização da pessoa na conquista de sua cidadania. Atualmente, é vice-presidente do Instituto de Pesquisa e Estudo da Terceira Idade e trabalha com o desenvolvimento humano (principalmente da pessoa idosa), utilizando os conhecimentos como contoterapeuta, consteladora, advogada e *coach*.

Contatos
jupisibo@gmail.com
Instagram: @judith_borba1
81 99976 3225

Introdução

Nas últimas décadas, tem-se observado um acentuado crescimento do número de pessoas idosas. Isso nos leva a observar que o envelhecimento é uma das fases da vida que requer cuidados especiais e, acima de tudo, deve ser aceita para ser bem vivida.

Dessa forma, mudar o paradigma frente às perdas vai auxiliar o desenvolvimento de um novo olhar, devendo-se levar em consideração que essa mudança precisa acontecer de forma ativa, para permitir a manutenção da capacidade funcional, além da ausência ou controle de doenças que possam surgir por conta do avanço da idade.

Algumas consequências do aumento da expectativa de vida

A Organização Mundial da Saúde, em seu *Resumo: relatório mundial de envelhecimento e saúde*, p. 5, relata que, pela primeira vez na história, a maioria das pessoas pode esperar viver até os 60 anos ou mais. Assim, a perspectiva de vida da população mundial de chegar à velhice é uma realidade e, consequentemente, todos devem, de forma prioritária, encarar para criar medidas e ser proativos, garantindo, assim, um envelhecimento ativo e dinâmico.

Não se pode esquecer das muitas contribuições que as pessoas mais velhas fizeram para a economia e para a sociedade ao longo dos anos. Projetar as consequências de tal realidade e ver as oportunidades que surgem do aumento da longevidade é dever de todos. Para isso, se faz necessário cuidar melhor da saúde, prevenindo ou retardando doenças, envolvendo-se em comportamentos saudáveis, evitando-se estereótipos ultrapassados que dificultem a capacidade de aproveitar as oportunidades inovadoras.

Também se deve valorizar a participação social contínua, as contribuições de pessoas mais velhas na sociedade e criar redes de ajuda para casos de declínios significativos de capacidade, para realizar, inclusive, as tarefas mais simples, criando ambientes físicos e sociais acessíveis a todos, que facilitem diretamente a saúde e sem impor barreiras, incentivando oportunidades, sem influenciar decisões e comportamentos.

Tais medidas se fazem necessárias, a fim de que a idade avançada não implique em dependência excessiva de outros, bem como para evitar o estereótipo e a discriminação etária de que pessoas mais velhas são dependentes ou representam um fardo.

Por outro lado, a mudança tecnológica acompanha o envelhecimento da população e cria oportunidades nunca antes disponíveis e os recursos de apoio são mais funcionais, acessíveis e portáteis, fornecendo novas oportunidades para o monitoramento e cuidados de saúde personalizados, criando oportunidades e abordagens inovadoras, trazendo um investimento às gerações futuras de qualidade de vida e sensação de um futuro melhor, pois todos se tornarão idosos – e é melhor que sejamos saudáveis.

As mudanças que constituem e infuenciam o envelhecimento, muitas vezes perdas ou incapacidades, são complexas e não lineares, portanto o envelhecimento saudável deve ser uma meta para que haja o processo de desenvolvimento e manutenção da capacidade funcional, permitindo o bem-estar, mesmo quando a idade vai avançando.

Escolhas de vida do passado ou as intervenções em diferentes momentos durante o curso da vida irão determinar o caminho – ou trajetória – de cada indivíduo, maximizando a capacidade funcional.

Assim, cabe uma ação de saúde pessoal e pública sistemática nos vários campos da vida, proativa e planejada, independentemente da situação de desenvolvimento socioeconômico, levando em conta a diversidade das populações, como um bom investimento no futuro.

O envelhecimento ativo

Aplicado para grupos populacionais ou indivíduos, o termo se refere ao processo de otimização das oportunidades de saúde, participação e segurança, com o objetivo de melhorar a qualidade de vida à medida que as pessoas ficam mais velhas, permitindo-lhes que percebam o seu potencial para o bem-estar físico, social e mental ao longo do curso da própria vida.

Acrescenta-se que as pessoas com mais de sessenta anos, visando ao aumento da perspectiva de vida saudável e, ao mesmo tempo, à proteção, segurança e os cuidados adequados quando necessários, ajuda ou amparo, devem ter respeitadas pela sociedade as suas necessidades, desejos e capacidades.

Assim, em um projeto de envelhecimento ativo, inclusive pessoal, deve-se ver as políticas e programas que melhorem as condições físicas de saúde, na promoção da saúde mental e das relações sociais, procurando manter a autonomia e a independência durante o processo de envelhecimento, mas promovendo a solidariedade entre gerações, valorizando as relações interpessoais com a família e a comunidade e visando garantir a participação da vida em comunidade, inclusive política.

Já a qualidade de vida (a percepção que cada um tem de vida na sua visão de mundo, correspondendo a valores, cultura, objetivos, expectativas, padrões e preocupações...) é determinada, entre outros fatores, pela habilidade pessoal de manter autonomia e independência, até mesmo para executar atividades de vida diária e atividades instrumentais necessárias cotidianamente.

Determinantes do envelhecimento ativo

O envelhecimento ativo depende de vários fatores, principalmente no campo da saúde e da qualidade de vida durante seu curso, a fim de se tirar proveito das transições e "janelas de oportunidade" para estimular a saúde, participação e segurança nos seus diferentes estágios.

Assim, temos como determinantes para o envelhecimento ativo questões econômicas, de gênero, sociais, comportamentais, pessoais, ambientais, culturais... Fatores psicológicos, incluindo a capacidade cognitiva de resolver problemas e de se adaptar a mudanças e a perdas, demonstram um envelhecimento ativo, devendo estar aliadas à valorização do ganho de sabedoria, conhecimento e experiência.

Escolhas pessoais, adaptar-se às mudanças e saber superar adversidades em idades anteriores favorecem a autoeficiência nas idades mais avançadas, para se ajustar e ter bom humor, quando surgir algum fato que não estava sendo esperado.

Criar apoios sociais, estar aberto a aprender coisas novas e ter uma vida pacífica são chaves que estimulam a saúde, participação e segurança, em conformidade com o envelhecimento das pessoas.

Todavia, pessoas que vivem isoladas tendem à autodestruição, não criam um ciclo social, apresentam maior probabilidade de não ter um envelhecimento saudável e serem vítimas de crimes praticados contra idosos, principalmente os maus tratos. Por terem um menor grupo de apoio, muitos idosos não têm com quem contar para ajudar nas horas necessárias, por isso a vulnerabilidade cresce e os riscos à sua saúde aumentam.

O aprendizado permanente faz com que os idosos tenham maior probabilidade de manterem as habilidades e a confiança que precisam para se adaptarem e permanecerem independentes, à medida que envelhecem. O aprendizado intergeracional melhora a transmissão de valores culturais e promove o valor de todas as idades, pois estudos demonstraram que jovens que aprendem com idosos possuem atitudes mais positivas e realistas quanto à geração mais velha.

Todos precisam sempre se adaptar às novas tecnologias, estar abertos a se adaptar à nova realidade, aprendendo novas linguagens ou referente a usos de aparelhos, caso haja perda de visão ou de audição, ou mesmo em relação a dificuldades de locomoção. Não se pode esquecer que a perda da memória pode ser combatida de forma criativa e flexível, com exercícios e aprendizados autodirigidos.

O *mindset*

Assim, *mindset* (um estrangeirismo que significa configuração da mente) é a forma como a mente se predispõe a enfrentar as situações e a encarar o mundo, por meio de pensamentos e padrões comportamentais. Dessa forma, além das habilidades ou talentos, a configuração mental do indivíduo e a maneira como se encaram as coisas é uma forma de influência em suas escolhas pessoais.

Como afirma Dweck (2018, p. 14), "a opinião que você adota a respeito de si mesmo afeta profundamente a maneira pela qual você leva a vida", e temos duas formas de habilidades mentais padrões: a fixa e a de desenvolvimento.

Na fixa, limitando as realizações, a mente da pessoa tem como único objetivo provar a si mesmo o que é certo ou errado e tudo passa por uma avaliação (um julgamento), muitas vezes inconsciente, de seu posicionamento, exigindo de sua inteligência, personalidade ou caráter, buscando uma confirmação. Assim, a pessoa se tem como o seu próprio juiz e não é seu próprio aliado.

Já no *mindset* de crescimento, a pessoa deseja ser desafiada, escolhe sempre o novo e vai além dos seus limites. Por sentir atração pelo aprendizado, faz escolhas dos caminhos aparentemente mais difíceis e aproveita sempre as oportunidades; encara os seus erros como uma forma de aperfeiçoamento contínuo, buscando sempre a melhoria, acreditando que é capaz de cultivar suas qualidades básicas por meio de seus próprios esforços e permitindo efetivamente que as pessoas gostem do que fazem e continuem, mesmo diante de dificuldades.

Enquanto a fixa vê o fracasso como uma adversidade (inclusive podendo criar até um trauma permanente), o esforço é algo considerado ruim e demonstra a pouca capacidade; as coisas têm qualidades fixas e duais; tem urgência do sucesso; o interesse só existe quando se está bem-sucedido; tudo girando ao redor do resultado e quer provar que é superior.

Já no *mindset* de desenvolvimento, as adversidades não são vistas como fracasso, mas uma forma de crescer e de se superar; o esforço é uma forma de obter os resultados que se deseja, muitas vezes o difícil é divertido e uma forma de se conseguir o que se deseja; sucesso é sinônimo de desenvolvimento; não tem medo das dificuldades que aparecem; sabe que o seu potencial vai florescer; não quer ser superior aos outros; trabalha com planejamentos.

Deve ser lembrado que, por serem partes importantes de nossa personalidade, todas as pessoas trazem elementos de ambos e podem também ser diferentes em cada área de nossas vidas, em diferentes momentos e contextos. Assim, tomando conhecimento da existência e identificando como se manifestam nas diferentes áreas, é possível modificá-lo. Ou seja, para desenvolver um *mindset* de crescimento, deve-se inicialmente abraçar e encarar a forma fixa, aceitando-a como um elemento inerente a todos (em maior ou menor grau), o que poderá ajudar a não ter problemas para lidar, quando ela se manifestar.

Dessa forma, ao observar (sem julgamentos e cobranças) os gatilhos que desencadeiam o *mindset* fixo, para, então, encarar muitas vezes uma crença limitante, autocobrança excessiva, perfeccionismo, falta de habilidade ou competência para lidar com uma certa situação, medo, estar sob pressão, preguiça, recebeu uma crítica, conheceu alguém que "é muito melhor que você" ou teve um desentendimento.

Então se nomeia, quando ela aparecer e se pronunciar, para conseguir aprender a lidar com as crenças limitantes e ver realmente qual fato move essa crença (sem reprimir ou expulsar), pois mesmo sendo limitante, muitas vezes está aí como uma forma de proteção e segurança. Ou seja, devemos ter consciência do que essa crença limitante está querendo nos dizer e, a partir daí, enfrentar o que realmente se apresenta.

Conclusão

Além de outros fatores, a maneira como a pessoa vê o que acontece ao longo de sua vida e enfrenta os momentos desafiadores são determinantes para que venha a ter um envelhecimento ativo.

É necessário olhar e dialogar com as crenças fixas, bem como aprender com a realidade que se apresenta, permitindo que as pessoas percebam o seu potencial para o bem-estar ao longo do curso da própria vida.

Dessa forma, se otimiza no envelhecimento as oportunidades de saúde, participação e segurança, para a melhoria da qualidade de vida, à medida que a pessoa fica mais velha e, assim, tem uma visão diferenciada sobre suas ações e atitudes, sempre no caminho do seu próprio bem.

Referências

BRASIL. Ministério da Saúde. *Envelhecimento ativo: uma política de saúde.* Disponível em: <http://bvsms.saude.gov.br/bvs/publicacoes/envelhecimento_ativo.pdf>. Acesso em: 11 out. de 2020.

BELASCO, A. G.; OKUNO, M. F. Realidade e Desafios do Envelhecimento. *Revista Brasileira de Enfermagem.* SIELO. Disponível em: <https://www.scielo.br/scielo.php?pid=S0034-71672019000800001&script=sci_arttext&tlng=pt>. Acesso em: 11 out. de 2020.

DWECK, C. *Mindset: a nova psicologia do sucesso.* Editora Schwarcz. 2018.

OMS (Organização Mundial da Saúde). *Envelhecimento ativo: um projeto de política de saúde.* Disponível em: <http://www.crde-unati.uerj.br/doc_gov/destaque/Madri.doc>. Acesso em: 11 out. de 2020.

OMS (Organização Mundial da Saúde). *Relatório mundial de envelhecimento e saúde.* Disponível em: <https://sbgg.org.br//wp-content/uploads/2015/10/OMS-ENVELHECIMENTO-2015-port.pdf>. Acesso em: 10 out. de 2021.

SANTOS, S. M. A. dos.; FARIAS, R. G. F.. *Influência dos determinantes do envelhecimento ativo entre idosos mais idosos.* Disponível em: <https://www.scielo.br/pdf/tce/v21n1/a19v21n1.pdf>. Acesso em: 11 out. de 2020.

STRAMARO, P. R. *O que é mindset?* Disponível em: <https://administradores.com.br/artigos/o-que-%C3%A9-mindset-1>. Acesso em: 12 out. de 2020.

19

SEU NEGÓCIO ON-LINE
CRIE, INOVE E TRANSFORME-SE COMO ASSISTENTE VIRTUAL

Apresentamos neste capítulo o passo a passo de sucesso para você construir um negócio na internet como Assistente Virtual. Sabendo que empreender on-line é o recurso mais eficaz no contexto "novo normal", estruturamos sua jornada em cinco etapas e cinco comportamentos elementares para que você atinja o máximo desempenho on-line, como dezenas de pessoas já fizeram em nossos cursos e mentorias do "Profissão Assistente Virtual".

KAREN PIASENTIM E PRISCILA SPINA

Karen Piasentim

Mentora executiva comportamental e especialista em Mindset Empreendedor. É palestrante, *master coach*, consultora estratégica de negócios digitais e embaixadora Builderall. Secretária executiva bilíngue formada e pós-graduada, atuou na área por 14 anos e tem larga experiência em assessoria a altos executivos em multinacionais. Em 2011, decidiu empreender para ter mais liberdade, autonomia e equilíbrio. Desde então, adotou o estilo *home office* e vem ajudando muitas mães e mulheres como ela a fazerem o mesmo. Fundadora do Programa Profissão Assistente Virtual: profissaoassistentevirtual.com.br.

Contatos
www.karenpiasentim.com.br
falecom@karenpiasentim.com.br
11 99223 4547

Priscila Spina

Mentora de projetos e produtividade. Concessionária Builderall, líder, treinadora e especialista em marketing de relacionamento, marketing de conteúdo, marketing digital, criativo, estratégico e inteligente. Desde 2002, construiu uma ampla carreira na área de vendas, com 15 anos no varejo e mais 7 anos em vendas diretas. Atuou como assistente virtual, afiliada, coprodutora, produtora e depois teve uma agência. Fez mais de 40 cursos de marketing digital e hoje ajuda e educa empreendedores a construírem seus negócios on-line. Fundadora do Programa Profissão Assistente Virtual: profissaoassistentevirtual.com.br.

Contatos
www.priscilaspina.com.br
contato@priscilaspina.com.br
11 95242 4664

As principais necessidades dentro do contexto do novo normal, sem dúvida, foram a migração do trabalho do sistema presencial para o sistema *home office* e o crescimento exacerbado dos negócios e vendas on-line. Para os empreendedores (como nós) que já estavam inseridos nesse cenário, ótimo. Contudo, o fato é: muitas pessoas foram penalizadas com o desemprego e a necessidade de renda e recursos as levou ao empreendedorismo "forçado" como medida emergencial e desordenada. Muitos buscaram conhecimento específico na área que desejavam atuar para construir seus negócios e se reinventar.

Tendo em vista outro fato de extrema relevância, que culturalmente falando não fomos "criados" para empreender, muitas pessoas se arriscam no empreendedorismo sem pensar como empreendedores. Consequentemente, frente às necessidades inerentes à função de empreendedor, muitos desses negócios fracassam, pura e simplesmente porque é a mentalidade (pensamentos e emoções) que leva aos comportamentos adequados (ou não) para o sucesso (ou insucesso) em qualquer área da vida. Aqui, falamos de ações efetivas e resultados reais. Assim, para que você tenha visão para identificar onde estão as maiores oportunidades e nadar a favor da corrente, neste capítulo, você vai descobrir o caminho exato para criar um negócio lucrativo na internet. Mais que um passo a passo, vamos mostrar todas as etapas necessárias para que você crie seu negócio on-line imediatamente, em bases sólidas, ao mesmo tempo desenvolva uma nova mentalidade empreendedora e tenha os comportamentos adequados para cada etapa da jornada. Siga todas as etapas, siga nossas orientações e busque seus resultados agora!

Etapa 1: *design*/desenho do negócio

Transforme suas ideias em seu negócio efetivo! É melhor começar a descarregar o que está na sua mente, colocando tudo no papel. Compre um caderno de ideias e comece a escrever. Pense: o que você ama e sabe fazer? O que e como você pretende vender? Quais serviços você pretende prestar? Para quais pessoas? Quem pode comprar? Do que você precisará abrir mão para ter esse negócio funcionando? O que te fará levantar da cama todos os dias para fazer seu negócio acontecer? Este é o momento para você reconhecer suas habilidades, transformar seus dons em negócios, conhecer a demanda do mercado e o que as pessoas estão precisando de fato. Dica de ouro: resolva problemas! Descarregou? Agora planeje! Não importa se é no caderno, planilhas, *softwares*, aplicativos... o que importa é você planejar suas horas, seu dia, semana, meses e anos. Isso mesmo! Anos! Já parou para pensar o que estará fazendo daqui 5, 10, 15 ou 20 anos? Tenha em mente que você desempenha vários papéis (mãe/pai, esposa/marido, dona de casa, filha/filho) e, junto com seu negócio, algumas atividades precisam ser planejadas e ora priorizadas. Selecione todos os dias cinco tarefas mais importantes para o seu negócio. Marque-as em sua agenda e execute! Ao fim do dia, avalie. Caso algumas dessas tarefas não tenham sido executadas, coloque-as como prioritárias no dia seguinte.

Comportamento equivalente: poder de decisão

Todos os dias, somos obrigados a tomar decisões. Desde as mais simples até as mais complexas. São nesses momentos que determinamos nosso destino. Toda decisão tem que ser séria e realmente comprometida com seu objetivo, pois somente interesse e empenho não te ajudam a projetar o seu futuro. Posicione-se, vença seus medos e tome as decisões importantes, alinhadas com os motivos pelos quais elas devem ser tomadas. Sua vida está entre o que você mais deseja e o que você mais teme! Comprometa-se e decida-se, pois as oportunidades não esperam quando há indecisão.

Etapa 2: construção de seu negócio

Por algum motivo alheio ao nosso entendimento, muitas pessoas que desejam começar a vender seus produtos e serviços na internet começam a fazer suas divulgações nas redes sociais. Quando pensamos em comprar algo na internet, logo pesquisamos no Google. Ou seja, para criar o seu negócio, é preciso inicialmente construir sua autoridade e posicionamento on-line. Assim, o primeiro passo concreto é construir uma estrutura na internet: site, blog, página de links, página de vendas, página de *e-book*, revista digital, cartão digital, funil de vendas, um canal no YouTube com SEO, aprender a fazer SEO de blog e site, posicionar seu negócio nas primeiras páginas do Google e YouTube. É importante também dar seus primeiros passos para investir em tráfego pago sem errar o alvo! Em nosso programa *Profissão Assistente Virtual*, você descobre como criar toda a estrutura necessária e ainda entregamos um site pronto com todas as páginas e um blog com 10 artigos para você somente editar com assuntos do seu negócio atual. No PAV, você saberá como criar mais de 21 produtos e serviços para começar a vender na internet e entregamos sua página de vendas pronta dentro de uma plataforma de produtividade e marketing digital, a Builderall, que te possibilita trabalhar com mais de 200 produtos e serviços. Essa estrutura é fundamental para que você conquiste seus primeiros clientes. Outro grande desafio de quem deseja empreender, principalmente prestando serviços como assistente virtual, é a precificação. No final do capítulo você terá acesso a um artigo do nosso blog com 21 produtos e serviços precificados para ajudá-lo ainda mais a criar a sua própria tabela.

Comportamento equivalente: faça networking

Quando pensamos em negócio digital, pensamos muitas vezes em automatizar processos. Por outro lado, o bom e velho contato pessoal, que proporciona reconexões com aquelas pessoas que você não vê há tempos, vale muito a pena para quem deseja empreender em qualquer área. Faça uma lista de amigos, familiares ou conhecidos que possam se interessar pelos produtos e serviços que você vai oferecer. Peça indicações. Mantenha a rastreabilidade de seus contatos. Já ouviu falar que você é a média das cinco pessoas com quem mais convive? Pois bem, se existe alguém tendo sucesso em determinanda área, é porque essa pessoa tem um conjunto de pensamentos, estratégias, comportamentos (competências) que fazem com que ela alcance esse resultado. Para acelerar seus resultados, você precisa modelar e conviver entre pessoas de sucesso. Nossos amigos nos afetam, amigos de nossos amigos nos influenciam. Se você quer ter a mentalidade de empresário, é essencial conviver com eles, entender seus padrões, e tudo o que produz o sucesso deles. Dica de ouro: siga oito pessoas (cinco que você gostaria de modelar e três que tenham adjetivos que você não gostaria de ter de jeito nenhum).

Etapa 3: vendas

Você desenhou seu negócio entendendo suas competências, construiu sua estrutura on-line profissional e posicionou-se no mercado. Agora é hora de vender! Nada acontece até que uma venda seja feita! Foque em dois ou três serviços ou produtos e comece a divulgar e vender. O movimento dessa estrutura e presença constante nas redes sociais é fundamental. Crie conteúdo de valor, que resolva problemas da sua audiência, que aja na dor das pessoas e entregue a solução que elas desejam. Crie artigos em seu blog, dê dicas em vídeos com o passo a passo em seu canal do YouTube, crie *e-books*, revistas digitais com conteúdo de qualidade. Outro recurso simples, prático e dinâmico é o WhatsApp. Lembra do *networking*? Pegue seus contatos de WhatsApp e comece a divulgar. Divulgue em grupos. Use também o *status*, que funciona superbem. Use o WhatsApp Business. Desenvolva também o olhar para a renda passiva e vendas recorrentes. Pense em um Clube de Assinaturas e/ou na possibilidade de negócio incrível que a Builderall nos traz. Depois, invista em tráfego pago. Crie um funil de vendas e deixe-o trazer clientes até você por meio da automação, dos robôs e do e-mail marketing.

Comportamento equivalente: controle

Novamente, não importa o método de controle que você usará (talvez um caderno seja suficiente), mas tenha em mente que quem controla o seu negócio é você (e não seus clientes, sua família, seus amigos, seus parceiros). Crie regras e siga-as. Faça acordos para que sua rede de relacionamentos possa ajudá-lo (e não atrapalhá-lo). Faça negócios como empresário, firme contratos. Aprenda a delegar aquilo que você pode e dedique-se à estratégia e ao controle efetivo do seu negócio.

Etapa 4: acompanhamento, medição e monitoramento de resultados

Como entender que você está no caminho certo? Saber o que quer e onde quer chegar é o que te levará a conquistar seus objetivos. Fica mais fácil criar a rota de ação com detalhes estratégicos. O modo como você irá percorrer esse caminho precisa ser planejado, acompanhado, medido e monitorado de perto. O primeiro passo aqui é avaliar os 3 C's: o que é preciso *Cessar*, ou seja, parar de fazer; o que você deve *Continuar* fazendo e o que deve *Começar* a fazer para conquistar seus objetivos. Outro passo, a partir dessas ações, é estipular metas SMART (para que sejam específicas, mensuráveis, atingíveis, realizáveis e tenham um tempo para conclusão). Depois, durante toda a jornada, vá validando os acontecimentos e procurando entender as "placas do caminho", entendendo os indicadores que mostrarão se você está no caminho certo ou não. Monitore. Se os resultados não estiverem vindo, é porque você está trabalhando muito do jeito errado, está trabalhando menos do que deveria e sem foco ou está usando a estratégia errada! Acerte sua rota e siga firme adiante.

Comportamento equivalente: plasticidade

Muito se fala sobre resiliência e a capacidade de adaptação e flexibilidade em determinadas situações adversas (quando recebemos as pressões ao longo da jornada), o que faz desta uma competência necessária para quem quer empreender. Um obstáculo é apenas mais uma etapa e o processo de superação faz parte do caminho, desde que essa situação seja temporária, ou seja, os fatores que a determinaram deixem de existir, e o ambiente e você voltem ao normal (estado original). Entretanto, é certo que com o nosso novo normal, certamente não voltaremos ao que era antes... É por isso que precisamos dar atenção ao conceito de plasticidade: uma vez exposto a uma determinada situação, nova e desafiadora, você muda, molda-se e assume um novo formato. Plasticidade é ser novo, é reinventar-se, adquirir outras competências, saber ler o que está acontecendo à sua volta e aprender as respostas certas: plasticidade é transformação.

Etapa 5: aprendizado

Trata-se de aprender mais rápido através do *feedback* dos clientes.

A empatia o ajudará a sintetizar e organizar as informações sobre o cliente, gerando um melhor entendimento sobre suas necessidades. Coloque toda a sua experiência e *expertise* para a solução com o cliente. Traga o cliente para o seu lado e veja como ele próprio poderá colaborar no processo de finalização do problema. Mantenha sempre em mente que a responsabilidade pela resolução é totalmente sua. Você aprende e traz os elementos estratégicos para a mudança.

Comportamento equivalente: revisão

Esse é o momento em que você precisa entender que o sucesso chega apenas na hora da colheita. Antes de conseguir o emprego dos sonhos ou um alto cargo em uma empresa, uma pessoa passa mais de quatro anos em uma faculdade... Então, quando falamos de negócio on-line, é preciso criar, sim, sua estrutura, deixar tudo funcionando, saber gerenciar o seu *home office*, enfim... Revisar o seu planejamento, fazer o que precisa ser feito e, acima de tudo, parar de fazer o que não colabora para alcançar suas metas e objetivos.

Acreditamos que a internet é uma das ferramentas mais poderosas para a conexão de pessoas e para possibilitar parcerias de inúmeros empreendedores. Temos consciência de que "quem divide, multiplica", por isso, reunimos todos os nossos esforços para que você tenha como diretriz o apoio mútuo e estratégico, para que uma suas habilidades, dons e talentos em prol de seus negócios e nós, juntos, possamos conquistar tudo o que quisermos.

Para isso, preparamos alguns presentes especiais para você, leitor(a)! Acessando esse *QR code*, você poderá:

- descobrir como conseguir iniciar seu negócio on-line com baixíssimo investimento.
- baixar um infográfico com o passo a passo para construir o seu negócio on-line.
- dar continuidade às suas descobertas no mundo digital e acessar gratuitamente um *workshop* exclusivo com conteúdo detalhado e complementar ao deste capítulo para conhecer o caminho certeiro para seu sucesso on-line como Assistente Virtual.
- acesso aos nossos artigos e conteúdos exclusivos do PAV.

Vamos juntos(as)! Nós acreditamos em você!

Referências

EUSTACHIO, J. *A resiliência e a plasticidade*. Disponível em: <https://endeavor.org.br/desenvolvimento-pessoal/resiliencia-plasticidade/>. Acesso em: 14 dez. de 2020.

GIACOBELLI, M. *Relacionamento, influência e negócios: um guia prático, inspirador e estratégico para ajudar você a dominar o mundo das vendas*. Editora Gente, 2016.

GUERRA, F. *Significado, conceito e definição*. Disponível em: <http://ofca.com.br/fg/scd.html>. Acesso em: 13 dez. de 2020.

SOUSA, C. *Palestra Evento Everest*. Nov. de 2020.

20

UM CONVITE PARA MUDAR

Por que a aceitação de mudanças pessoais, familiares e profissionais é uma tarefa muitas vezes difícil? Diante de situações inesperadas, tentar controlar o medo ou ver o lado positivo da mudança para abrir-se ao novo é, no mínimo, desconfortável. Se você pensa dessa maneira, inclusive lembrou de alguns momentos, esse texto certamente vai te interessar. Faço o convite para dar o primeiro passo para grandes mudanças!

KELLEN VERENA S. SOUZA

Kellen Verena S. Souza

Psicóloga graduada há 14 anos, com especialização em Terapia Cognitivo-comportamental (Instituto de Psicologia e Controle do estresse), com capacitação em Psicomotricidade (Sociedade Brasileira de Psicomotricidade), mestre pela UFMG (Universidade Federal de Minas Gerais) em 2010. É tutora de núcleo do Programa de Residência Multiprofissional em Saúde da Família (UESC). Atua na área clínica como Psicoterapeuta Cognitiva-comportamental e supervisora clínica. No ensino superior, atua como docente e supervisora de estágio no curso de Psicologia desde 2011. Já atuou como coordenadora adjunta por dois anos, e faz parte do núcleo docente estruturante. Docente do curso de Odontologia desde 2017. Seu diferencial é o compromisso, a paixão por sua profissão e pelo estudo do comportamento humano.

Contatos
www.kellenverena.com.br
kellenverena@gmail.com
Instagram: @kellen.verena.psi
73 99116 4854

Navegar é preciso; viver não é preciso.

Fernando Pessoa

"É preciso saber viver", mas isso não é algo simples nem "preciso", como dizia Fernando Pessoa ao citar Pompeu, referindo-se aos marinheiros amedrontados que se recusavam viajar durante a guerra. Fernando Pessoa, com sua genialidade na escrita, nos permite interpretar tal citação com mais otimismo. Nossas vidas não têm a precisão da navegação, mas a vida se torna única e singular justamente por isso, pois essa exatidão está dentro de cada um de nós.

Em todos os ciclos que vivenciamos em nossas vidas, buscamos refletir sobre os dias caminhados até o desfecho de algo que se encerra. Seja mais uma data de aniversário, a saída de um emprego, a mudança de cidade, assim como os relacionamentos que construímos desde a infância.

Cada reflexão nos remete a experiências boas e ruins, nos faz entender como foi construído esse caminho; mas talvez o que nos proporcione um maior sentimento de apreensão seja a pergunta que fazemos diante de algo novo que surge: "E agora? Como lidar com isso?"

Algumas situações permitem o nosso controle e previsibilidade; embora, infelizmente, quando falhamos muitas vezes seguidas, ou quando tomam nossa liberdade, temporariamente perdemos o controle.

Sentir-se desamparado diante dessa perda é natural. Ao vivenciarmos situações aversivas, conflituosas ou ameaçadoras emitimos três respostas básicas: lutar, fugir ou paralisar-se. Nessas condições, nossa mente se adapta a esse processo de aprendizagem e ficamos sujeitos a internalizar que não somos capazes de mudar as coisas, como explica Seligman (2016) a Teoria do Desamparo Aprendido.

Como podemos lidar com o desamparo? Qual o papel da nossa mente nesse processo de adaptação?

Desamparo aprendido

Este fenômeno psicológico ocorre quando somos expostos a situações de desamparo, fracasso, angústia, geralmente situações que nos causam sofrimentos e das quais não conseguimos escapar, nos vemos sem saída ou percebemos a perda de controle. Dessa forma, podemos aprender que não somos capazes de controlar as coisas e aceitamos novas formas de sofrimento, agindo com mais passividade.

É possível permanecermos em sofrimento diante de uma aprendizagem de desamparo anterior. Vamos pensar em algumas situações que talvez você já tenha vivenciado. Na época da escola, você já se sentiu punido por não conseguir boas notas e, mesmo se esforçando, desistiu desse objetivo. Em situações profissionais, permanecer em um trabalho do qual não gosta; em uma relação em que não se sente feliz, na qual não tem espaço para ser você de forma autêntica, são exemplos de eventos que influenciam o potencial desamparo adquirido diante de situações já vividas, como se nada pudesse ser feito frente aos fatos.

Liste eventos que o angustiam e preocupam todos os dias. Provavelmente você perceberá que é algo sobre o qual tem pouco ou quase nenhum controle, mas não podemos passar a acreditar que nada pode ser feito. O desamparo nos proporciona uma inação, nos impede de crescer e melhorar.

Revisitando a teoria original do desamparo aprendido, os últimos estudos de Seligman propõem que a passividade se torna uma espécie de resposta. Não é que aprendemos o desamparo, nós deixamos de aprender que temos controle e, por isso, nos relegamos à passividade automática. Se você deixa de aprender ou acreditar que tem controle sobre algo, continua com suas ações, mas de maneira passiva, e isso torna-se predominante.

Essa sensação de impotência e o aumento da ansiedade que seguem os estressores (que não temos controle) pode durar vários dias. Isso decorre de uma reação a uma situação aversiva prolongada, que sensibiliza um conjunto específico de neurônios. Assim, para Seligman a presença de controle aborta esse processo; uma expectativa de controle atenua o impacto dos estressores subsequentes.

Resistência às mudanças

É comum que o comportamento de resistir à mudança às vezes seja entendido como falta de ação, mas a maioria de nós está ansiosa por uma determinada mudança de vida, por uma situação que desejamos melhorar ou até mesmo pelo alcance da liberdade financeira.

A resistência ocorre antes e depois que as situações acontecem. A ameaça ativa as três formas básicas de enfrentamento, porém, aspectos cognitivos a precedem chamado de prontidão.

Na esfera cognitiva, o indivíduo avalia e interpreta os eventos a partir de suas crenças; na esfera afetiva, envolve sentimentos e emoções desencadeados pela mudança; já na esfera comportamental, refere-se à tomada de decisão, consentir ou recusar com base nas experiências passadas ou intenções futuras.

Oreg (2009) observou que as diferenças entre as pessoas ocorrem através da disposição interna para resistir ou aceitar mudanças. Essa diferença favorece a previsibilidade de atitudes pessoais, sejam elas mudanças intencionais ou impostas. A resistência está relacionada a traços de personalidade menos flexíveis – nesse caso, essas pessoas têm menos probabilidade de participar ativamente da mudança e, quando são impostas, têm maior probabilidade de experimentar reações emocionais negativas, como ansiedade, raiva e medo.

A resistência manifesta comportamentos, alguns ativos: a pessoa pode reprovar, ironizar, apelar para o medo, sabotar; outros passivos: admitir a mudança sem execução, apoio e indiferença. Outros comportamentos comuns: doar-se o mínimo possível, falta prazer e bem-estar; sair de forma voluntária ou não de projetos nos quais está inserido.

A resistência vem como uma reação natural contra qualquer situação que seja ameaça ao equilíbrio ou anuncia perda, pois sinaliza algo novo e desconhecido.

Roemer e Orsillo (2010, p. 203) sugerem que, para ser desenvolvida "naturalmente uma mudança comportamental adaptativa e capaz de melhorar a vida", seja inescusável a prática de *mindfulness*, o qual ajuda as pessoas a decifrarem suas experiências internas e a prestarem atenção ao ambiente externo.

O papel da mente na adaptação às mudanças

As teorias cognitivas explicam o nosso processo de adaptação e funcionamento a partir dos constructos cognitivos: os esquemas, nossas crenças e valores, que em sua complexidade e composição apresentam uma estrutura: adaptativa vs. não adaptativa. Com base nas vivências, nos problemas e adversidades que enfrentamos, podemos ter o nosso padrão não adaptativo ativado, promovendo a falta de habilidades comportamentais, dificuldade em resolução de problemas e até mesmo caracterizando quadros psicopatológicos.

Podemos ainda enfrentar as situações de três maneiras, como fundamenta Jeffrey Young (2008). Ele explica essa ideia a partir dos esquemas de enfrentamento desadaptativos, em termos gerais, através da hipercompensação (luta); a evitação (fuga) e a resignação (paralisia).

Os esquemas são formados desde a infância, como representações do ambiente baseado na realidade; dessa maneira, desenvolvemos nossa percepção e crenças, internalizamos valores a partir da relação que mantemos com o ambiente. Com o passar do tempo, esses componentes tornam-se uma verdade absoluta, apoiados nas comprovações que encontramos, porém muitas dessas validações fazem parte do padrão desadaptativo, de uma percepção distorcida da própria realidade. Como exemplo, podemos pensar em uma pessoa competente, mas seu esquema desadaptativo produz a crença de ser incompetente, e isso torna-se verdadeiro para ela. Como respostas comportamentais, ela pode evitar assumir novos desafios; pode tornar-se tão autossuficiente que não pede nada a ninguém, dessa maneira, hipercompensando. Da mesma forma, pode resignar, pede a pessoas de confiança que tomem todas as suas decisões financeiras.

Um termo que se popularizou e que expressa a ideia que explico acima é o *mindset*, descrito pela psicóloga e pesquisadora Carol Dweck (2017, p. 14) através do *mindset* de crescimento e o fixo:

> Acreditar que suas qualidades são imutáveis – o *mindset* fixo – cria a necessidade constante de provar a si mesmo seu valor. O *mindset* de crescimento se baseia na crença de que você é capaz de cultivar suas qualidades básicas por meio de seus próprios esforços. [...] cada um de nós é capaz de se modificar e desenvolver por meio do esforço e da experiência.

Até aqui, você percebeu que os padrões desadaptativos, as crenças limitantes e o *minset* fixo dificultam o processo de autoconhecimento, a percepção de reais dificuldades, proporcionando uma experiência desconfortável frente às mudanças inesperadas e inevitáveis que surgem.

Dweck sugere que uma pessoa, ao acreditar que uma situação é perigosa, aumenta os comportamentos disfuncionais. Se a crença for oposta à de perigo, o mundo está cheio de coisas fascinantes, é provável que a reação mais comum seja a curiosidade. Ou seja, essa premissa corrobora as nossas suposições de previsão, sustenta a ideia de que muitas variáveis de personalidade e resultados de bem-estar são motivados em parte pela situação externa (percebida) em vez da disposição interna.

Os primeiros passos

Se nossas emoções são produzidas em função do pensamento (avaliações), será que é possível efetivamente mudar o que pensamos?

Essa não é uma tarefa simples, exige de nós um pensamento mais flexível, específico e, principalmente, abertura ao processo de mudança para aprendermos a lidar com as adversidades inoportunas que surgem no caminho.

Muitas pessoas alcançam esse objetivo com ajuda do psicólogo. Dentre as abordagens mais utilizadas a partir do que discutimos neste capítulo, temos a terapia cognitivo-comportamental (TCC). Ela permite que o indivíduo reavalie situações vistas como catastróficas, favorecendo a percepção como menos negativa ou causadora de ansiedade.

Grande parte da TCC é orientada para o futuro: resolução de problemas, programação de atividades, planos de respostas a crises, dramatização no treinamento de assertividade e quais portas se abrem quando uma porta se fecha – todos envolvem simular situações futuras e tentar se preparar para elas de forma eficaz.

Analisar as coisas e examiná-las por todos os ângulos são aspectos importantes que nos são peculiares. O exercício de analisar as informações objetiva e racionalmente, em prol do seu próprio bem e dos outros, é sinônimo de pensamento crítico; está orientado para a realidade e é o oposto dos erros lógicos que afligem tantas pessoas. Esta é uma parte significativa do traço saudável de não confundir os próprios desejos e as necessidades com os fatos do mundo.

Vamos pensar em histórias de pessoas que você admira. Grandes empreendedores e líderes de sucesso: é provável que a maior parte de suas histórias seja contada através de fracassos. O sucesso não significa ausência de fracasso, mas a forma como você acolhe, aprende através dele e adquire novas estratégias para seguir adiante.

Não se preocupe com aquilo que está fora do seu controle, concentre-se no que você consegue mudar. O primeiro passo pode ser pequeno, mas firme, a primeira conquista simbólica, mas isso trará uma vida com mais sentido rumo ao caminho que você quer trilhar.

E se você falhar? Tropeçar? Agora eu já sei que você não se sentirá mais uma vez sem o controle da situação, pois a expectativa de controle aborta esse processo que nos torna incapacitados.

Te convido a dar o primeiro passo através de algumas etapas:

- Reserve um local em silêncio, reconheça a importância desse autocuidado para o seu crescimento.

- Seja gentil, flexível consigo mesmo, não mantenha o ato de julgar-se. Esteja consciente dos seus pensamentos e desejos genuínos.
- Respire de forma tranquila, será bom para desenvolver a capacidade de atenção. Como exemplo, temos a técnica de respiração de Roemer e Orsillo (2010, p. 136).
- Analise com calma os pontos positivos e negativos da mudança pela qual está passando, sem querer de forma imediata encontrar estratégias para enfrentá-la.
- Foque em sensações agradáveis, concentre-se no que você consegue mudar, observe o que você controla, não importa o que seja ou a intensidade; isso o ajudará a colocar tudo em perspectiva.
- Abra-se para a mudança. Acolha a ideia de que haverá sempre um lado bom, por mais difícil que seja perceber isso no primeiro momento. Isso ajudará a manter o otimismo.
- Aceite as transformações, é um passo importante para conseguir manter a calma.
- Busque ajuda quando necessário. Às vezes, temos a sensação de que tudo está acontecendo ao mesmo tempo, e é normal que nos sintamos desconfortáveis, tensos e ansiosos. Nessa hora, para que a experiência seja mais tranquila, procure uma rede de apoio: amigos e familiares próximos, um diálogo pode ajudar a sentir-se melhor. Mas, se você quer aprender a lidar com todo esse turbilhão de coisas que estão acontecendo, se quer colocar tudo em perspectiva, procure a ajuda de um psicólogo; com ele você encontrará o suporte emocional de que precisa e caminhará de forma mais leve através de habilidades que irá adquirir.

Não tenha medo da mudança. Mudanças são uma constante em nossas vidas; o ambiente muda, você amadurece, assim como suas ideias e as coisas que te fazem feliz. Que todas as mudanças, ao baterem à sua porta, sejam encaradas como grandes oportunidades e que sejam prósperas.

Referências

DWECK, C. S. *Mindset: a nova psicologia do sucesso*. 1. ed. São Paulo: Objetiva, 2017.

OREG, S., et. al. (2009). Dispositional resistance to change and occupational interests and choices. *Journal of Career Assessment*, 17(3), 312-323. doi: 10.1177/1069072708330599.

ROEMER, L.; ORSILLO, S. M. *A prática da terapia cognitivo-comportamental baseada em mindfulness e aceitação*. Porto Alegre: Artmed, 2010.

SELIGMAN, M. E.; MAIER, S. F. Learned helplessness at fifty: Insights from neuroscience. *Psychol Rev*. 2016 Jul;123(4):349-67. doi: 10.1037/rev0000033. PMID: 27337390; PMCID: PMC4920136.

YOUNG, J. E.; KLOSKO, J. S.; WEISHAAR, M. E. *Terapia do esquema: guia de técnicas cognitivo-comportamentais inovadoras*. Porto Alegre: Artmed; 2008.

21

NOVO NORMAL OU NOVO DESAFIO?

Nestas páginas, pretendo mostrar para você que é possível continuar crescendo, mesmo em tempos difíceis. Quero trazer uma reflexão a respeito do que realmente vale a pena em nossa vida, bem como o modo como pretendemos encarar os desafios tanto no âmbito profissional, quanto no pessoal. Uma leitura de fácil entendimento, conteúdo de qualidade e motivador.

LEDA BARROSO

Leda Barroso

Contato
ledabarrosoo@gmail.com

47 anos. Mãe, consultora empresarial, palestrante motivacional, empreendedora que ama pessoas. Mais de 30 anos atuando na área comercial nos mais diversos segmentos do mercado e com conhecimento desde a ponta até a diretoria empresarial. Já viajou o Brasil com a finalidade de motivar, transformar e contribuir para o crescimento de pessoas com suas palestras, bem como entrar em contato com as diferentes culturas regionais. Apaixonada por pessoas e eterna curiosa frente ao universo da mente humana.

Novo normal ou sair da zona de conforto? Novo normal ou mudança de hábito? Novo normal ou ser pressionado a mudar, evoluir?

"Guerreiros não nascem prontos". Quando ouvi essa frase de um grande escritor, José Luiz Tejon, compreendi que são as batalhas que formam os grandes guerreiros. No mesmo momento, entendi que estávamos perto de uma grande batalha e considero importante refletirmos sobre isso. Desafio, oportunidade ou o fim de tudo?

Fazendo uma avaliação sobre a minha vida, lembro-me exatamente do dia 19 de março de 2019. Acreditei ser apenas uma paralização simples, tinha acabado de sair de um grande desafio, estava recomeçando minha vida e, de repente, recebi uma mensagem dizendo que não podíamos mais continuar.

Tinha projetos no papel muito bem definidos. Vida tomando novos rumos, e aí? O que vai ser?

Sempre pensei que a vida é uma escola e que ela é pequena demais para perder tempo reclamando. A vida é curta demais para perdermos tempo focando no problema e esquecendo de pensar nas soluções. Eu tinha duas escolhas... Depois de um mês estática, decidi continuar caminhando.

Há muito tempo ouvia uma frase bem clichê – enquanto uns choram, outros vendem lenços – e eu decidi entrar no grupo que vendia lenços. Chorar não seria a melhor opção, mesmo vendo o mundo chorar. Como disse antes, a escolha é sempre nossa e, em um país como o Brasil, o empreendedor deve ter algumas habilidades que o faz ter sucesso. A flexibilidade, nesse caso, é uma arma poderosa.

Nesse sentido, estar aberto a mudanças é fundamental, pois ferramentas diferentes e mais atualizadas estão em constante surgimento. O que já foi sucesso um dia deve ser transformado, independentemente da situação que o mercado se encontra. Ter afinidade com ideias novas é essencial. Da mesma forma, é de grande importância interagir com pessoas de diferentes nichos de mercado, entender o que cada um pensa e como vê seu próprio negócio, ter visão de futuro entendendo que tudo muda o tempo todo – e nós precisamos nos preparar.

Atualizar é a melhor maneira de crescer, ajustar seu negócio. Tudo na vida é um processo – e até mesmo seus produtos ou serviços devem ter adaptações e inovações. Nossa mente é muito condicionada no sentido de nos impor grande resistência a mudanças. Mudar dói e todos nós temos dificuldade de aceitar isso. Contudo, é necessário para que consigamos crescer.

Atualmente, este novo normal nos lembra da necessidade do contato humano. É fundamental que se saiba lidar com pessoas, que se tenha empatia pelos que estão ao nosso redor. Agora, mais do que nunca, a humanização é uma pauta fundamental.

Nenhum negócio vai para a frente sem gestores que de fato se preocupem com as pessoas e que façam o possível para valorizar suas experiências, vivências e opiniões a respeito do mundo em que vivemos.

Tenha certeza: a produtividade de um colaborador será bem maior se ele se sentir valorizado, se sentir que seus propósitos pessoais e os da empresa estão associados. Dessa forma, temos maior engajamento, mais participação na empresa e, consequentemente, haverá aumento natural da produtividade. Nesse sentido, o líder deve ser referência. Qual é a referência que você passa para seus colaboradores ou às pessoas ao seu redor?

A necessidade de isolamento nos obrigou a ter mais contato com a tecnologia e novas ferramentas. Situações e elementos que pensávamos estar distantes desabaram em nosso colo. Para alguns, uma grande novidade e, para outros, um susto. Isso nos mostra o quanto precisamos das habilidades citadas acima e, se não formos flexíveis e não estarmos dispostos ao novo, será o nosso fim.

Na verdade, o que era apenas tratado como tendência de mercado a pandemia forçou a acontecer de forma rápida. O trabalho remoto veio com toda força. Empresas adaptando, colaboradores aprendendo a se organizar em *home office* em decisões bruscas e imediatas. Saímos de nossa zona de conforto, fomos obrigados a lidar com essa situação nova e desafiadora. Hoje, no novo normal, desde aulas a grandes reuniões de nível mundial ocorrem remotamente. O mercado está cada vez mais levando a conectividade do mundo digital nas mais diversas situações do dia a dia, o ambiente eletrônico tem assumido maior proporção que o físico.

Isso cabe mais uma reflexão para seu negócio: até onde vale a pena manter sua estrutura física? Seu negócio depende dessa estrutura? *Quais as ferramentas minha força de trabalho precisa para que possamos produzir da mesma forma?* Um detalhe muito importante é saber como meu colaborador ou minha equipe irá produzir em *home office*, já que ele faz parte do novo normal.

Além da humanização e flexibilidade, temos ações extremamente necessárias, como o *endomarketing*: como motivar nossos colaboradores diariamente, criando campanhas de desafios possíveis e valorizando os que se destacam?

"O salário não é a principal fonte de insatisfação dos brasileiros dentro das empresas. Mais do que uma remuneração condizente com o que seria justo pelo seu trabalho, as pessoas querem ser reconhecidas e valorizadas dentro das organizações. Ser mais uma peça da engrenagem é um fardo nos tempos atuais" Mário Sérgio Cortella (2019).

Sentir-se valorizado, ter reconhecimento profissional, investir em uma ideia, agradecer o esforço, lembrar datas comemorativas são elementos que fazem parte da humanização no processo. Fazer parte de algo que lhe dê prazer é fundamental para que a sintonia da equipe esteja afinada. Ter sinergia e disciplina quando se está motivado é muito mais fácil.

Não paramos por aí: o novo empreendedor deve proporcionar qualidade de vida no âmbito empresarial, tanto para ele, quanto para seus colaboradores. Qualidade de vida é muito mais que uma expressão – nossa vida pessoal, familiar e profissional são afetadas pelo novo normal. O empreendedor deve perceber se está tendo tal qualidade e se está disposto a também proporcionar aos seus colegas.

Qualidade de vida no ambiente profissional não quer dizer que não haverá conflitos, mas sim que você será amparado sobre como lidar com esses conflitos de forma leve e inteligente. Todos nós, mesmo que inconscientemente, buscamos essa qualidade de vida profissional e, por vezes, passamos mais tempo focados no universo profissional do quem no familiar, por isso é necessário pensar nesse diferencial. Isso está relacionado diretamente à produtividade da equipe, independentemente do tamanho dela. Há uma diferença muito grande entre acordar pela manhã e dizer "Uauuuuuuuuuuuuu, hoje vou dar o melhor de mim!" e acordar de manhã e dizer "Que saco ter de ir trabalhar!"

Chegar ao ambiente de trabalho com uma carga pesada e sem vontade já diminui 30% ou mais a produtividade. Se nesse ambiente não há sinergia, reconhecimento, motivação e todo os detalhes citados acima, sua equipe sentirá este peso e todos estarão desmotivados.

Como já dito, o novo normal nos obriga a ser mais humanos. Tanto a do meu colaborador, quanto a do meu cliente vai além de apenas ter um bom negócio, ou uma boa prestação de serviço – o diferencial neste novo normal é a humanização, pois as pessoas estão carentes de atenção, ninguém mais quer ser atendido por sistemas frios e robotizados.

Muitas empresas robotizaram vários departamentos e esqueceram da humanização, esqueceram que os humanos precisam de um sorriso, de um " bom dia", de ser ouvido, para que se sintam confortáveis. Você gosta de ser atendido por um robô? É inegável que as máquinas agregam demais ao nosso dia a dia, mas o ser humano necessita de um tratamento com mais tato, mais caloroso. A realidade na qual estamos inseridos hoje nos prova isso: o digital não nos basta. As telas coloridas não são suficientes para suprir nossas necessidades emocionais e afetivas.

Eu jamais imaginaria estar escrevendo estas palavras e contribuindo para o quadro pandêmico no qual estamos vivendo, mas no início quis chamar a atenção para as escolhas. Estas fazem parte de tudo na nossa vida. Desde que nascemos, fazemos escolhas: rir ou chorar, fazer birra ou aceitar, a vida não é fácil para ninguém, afinal, não estamos no paraíso e sim neste lindo planeta chamado Terra, cheio de desafios, aprendizado e pessoas diferentes.

Às vezes, penso e já estou quase certa de que vivemos em um universo paralelo constante. Todo ser humano tem um universo diferente do outro. A adversidade no mundo de hoje é total e raramente você encontra pessoas com a mesma linha de pensamento que você tem. Aprender com o outro é a coisa mais gratificante do mundo. Vou fazer algumas perguntas:

- Qual a sua idade?
- Você tropeça às vezes quando está caminhando?
- Com quantos anos você aprendeu a andar?

Após estas perguntas, você pode perceber que, mesmo há tanto tempo caminhando, ainda não aprendemos a andar corretamente. Imagine o quanto vamos aprender. Se você levar a vida entendendo que pode aprender com tudo e todos à sua volta, tenha certeza de que sua vida vai se tornar mais leve. Quem acha que não tem mais nada a aprender, infelizmente está em uma grande briga de egos.

Para entender um pouco melhor, pense em tudo o que você gostaria de gritar e de falar para todo mundo, desde seus gostos, paixões, agressividades... Pensou?

Imagine-se em um lugar cheio de gente, muita gente. Você quer chegar em primeiro lugar. Algumas pessoas usam da paciência e resiliência, mas vários outros usam da agressividade para chegar ao mesmo lugar. Você, em um momento de dificuldade, qual técnica irá usar? Parecem perguntas simples, mas elas dizem muito sobre você e sobre como vai lidar com essas situações no seu dia a dia. Como somos no dia a dia reflete diretamente na nossa empresa e no nosso negócio.

O autoconhecimento é também primordial nesse novo normal. Se você não conhece quem realmente é, jamais vai saber lidar com os outros. Você é a primeira pessoa a ser conhecida de forma profunda. Saber quais são seus valores, o que te faz triste, o que te faz feliz, o que te irrita, o que te faz sair do sério. E cuidado: ao conhecer a si mesmo, você irá conhecer coisas que talvez te assustem. Mas te garanto que vale a pena

Pense que sozinhos não fazemos nada, não chegamos a lugar nenhum. Podemos ter as melhores ideias, o melhor dos investimentos, mas se não cooperarmos uns com os outros, não atingiremos os objetivos. O novo normal serviu para entender que não temos controle de nada, que precisamos uns dos outros. Compartilhar é primordial para nossa sobrevivência.

Não sabemos de nada, mas podemos transferir os nossos conhecimentos para que mais pessoas caminhem ao nosso lado; é possível vencer olhando o lado positivo de tudo; podemos trabalhar para melhorar as características negativas; somos um pouco das pessoas com que convivemos, dos livros que lemos, dos programas que assistimos e de uma série de coisas que vivemos no dia a dia. No final de tudo, é a batalha com nós mesmos. Ninguém neste mundo pode fazer por nós o que nós mesmo podemos.

Descubra o que te move, descubra qual é a sua praia, descubra o que você faria gratuitamente todos os dias. Ao descobrir isso, você saberá exatamente qual é a sua praia, e você fará com amor. Não fique parado esperando a chuva passar, o tempo passar, a pandemia acabar... Você deve se preparar para conviver com tudo que está acontecendo, seguindo seus sonhos, pois o seu futuro está bem perto de você.

Levante e ande, não pare nem um minuto. Continue caminhando e sempre olhando para a frente, tropeços terão, dificuldades serão muitas, desafios tremendos, mas a grande batalha só será vencida por você mesmo.

22

O DESAFIO DE ACEITAR MUDANÇAS

Neste capítulo, as pessoas encontrarão inspiração para realizar seus sonhos. Uma menina que nunca mediu esforços para alcançar seus objetivos, constituir família, ter sua própria clínica odontológica, ajudar o maior número de pessoas, graduar-se... Com esforço e mérito de Deus.

LEILA SATURNINO DOS SANTOS

Empreendedora, 41 anos, sócia e proprietária de uma clínica odontológica juntamente com seu esposo. Mãe de duas filhas, Thyeli Passos dos Santos (futura cirurgiã dentista) e Yasmim Passos dos Santos.

Leila Saturnino dos Santos

Contatos
Instagram: @leilasaturninodossantos
Facebook: @leilasaturninodossantos

Nasci em São Paulo, em 21 de maio de 1979, em uma família humilde, de origem nordestina, de um povoado chamado Junco, em Sergipe. Meus pais nunca deixaram criar limo na pedra: sempre estávamos entre São Paulo e Sergipe. Tive uma infância difícil, longe do sonho de uma criança. Aos sete anos de idade, lembro-me de que tinha, por obrigação, a responsabilidade de cuidar dos meus dois irmãos menores, além dos afazeres da casa, enquanto meus pais trabalhavam para trazer o sustento à nossa família. Aos 12 anos, buscando uma renda própria e ajudar nas despesas de casa, comecei a trabalhar como babá em uma casa de família durante a semana. Via meus pais nos finais de semana, quando era minha folga. Sentia-me muito sozinha, mas precisava trabalhar para ter minha renda. Acabei ficando por pouco tempo, mas serviu como aprendizado.

Aos doze anos, nós estávamos morando em Sergipe quando recebi a visita de meu tio Antônio, irmão de minha mãe, que chegava de São Paulo – foi quando encontrei a oportunidade de vir novamente para São Paulo, pois acreditava que aqui seria melhor e que teria mais oportunidade de crescimento. Porém, foi muito difícil, fiquei distante de minha família, e não tinha como visitar meus familiares. Meu tio morava sozinho e trabalhava o dia inteiro. Eu consegui um emprego de doméstica, trabalhava de segunda à sexta, mas além daquele trabalho, eu também cuidava da casa do meu tio. Bateu uma solidão.

A saudade bateu forte, não consegui ficar longe e decidi voltar para a casa de meus pais em Sergipe.

Retomei os estudos no período da tarde, mas precisava de uma atividade remunerada. Comecei a vender roupas, lingerie e perfumes, de porta em porta. Paralelo a isso, continuei disponível a novas oportunidades e fui admitida em um posto telefônico, onde trabalhava durante meio período. Eu me dividia com as vendas, o trabalho de atendente e os estudos. Grande era a minha luta, cansaço e esforço durante todos os dias do nascer do sol até o anoitecer.

Uma grande mudança na minha vida começou a acontecer aos quatorze anos quando, na escola, conheci a pessoa que me ajudaria no meu crescimento pessoal e profissional – e me ajuda até hoje, um grande parceiro, companheiro que me apoia e incentiva em todos meus planos, meu esposo Reinaldo.

Por intolerância da mente extremamente tradicional de minha mãe, aos dezessete anos fui morar com ele, me tornando parte de sua família. Comecei uma nova vida. Reinaldo tinha uma banca na feira livre, vendia legumes e verduras. Passei a vender também, descascávamos feijão de corda com as unhas e trabalhávamos inesgotavelmente, mas a renda que conseguíamos mal dava para as nossas necessidades essenciais.

A mesma oportunidade da infância de ir para São Paulo surgiu de novo, tempos depois, para mim e meu marido, novamente através do tio Antônio e, não pensamos duas vezes, pois queríamos alcançar melhor qualidade de vida. Em São Paulo, meu tio nos cedeu, durante um curto período, um cômodo em sua casa, e depois ele passou a nos cobrar um aluguel. Reinaldo trabalhava com ele como ajudante de pedreiro e eu como diarista. Éramos muito jovens e inocentes, e não sabíamos administrar os nossos salários, o que nos fez passar por inúmeras dificuldades e decepções que nos serviram de valiosas lições de vida.

Por um mal-entendido entre meu tio e eu saímos da casa dele e procuramos um imóvel para alugar. Pouco tempo depois, fomos surpreendidos por uma gravidez não planejada. Iniciou-se mais uma etapa de dificuldades: perdi as diárias e o Reinaldo foi dispensado da obra. Quando a única saída parecia ser o retorno a Sergipe, tivemos a ajuda de um familiar, que nos mostrou como procurar ajuda na palavra de Deus, nos convocando a frequentar a igreja e nos ensinando a crer e orar. Após colocarmos essas ações em prática, não demorou muito para nos surgir uma nova vaga de emprego e moradia em um bairro nobre de São Paulo.

Apesar do sustento do trabalho, ainda nos víamos passando por muita dificuldade financeira, tendo momentos de desespero por não ter o que comer e com uma filha a caminho. Após o nascimento da nossa filha, sem opção, decidimos manter o emprego do meu esposo, enquanto eu ia morar e trabalhar em um bairro mais humilde, para assim conseguir manter sua alimentação e suprimentos básicos.

Uma marca ficou em meu coração quando, na intenção de obter um lucro, comprei dezenas de caixas de balas pensando em vendê-las em vagões de trem, aumentando o valor da quantia que tinha, o que me ajudaria com minha filha, até o momento em que descobri que não podia fazer aquilo por ser prática ilegal. Havia perdido todo o dinheiro empreendido e sabia o quanto faria falta, o que me fez chorar em meio à multidão na estação de trem.

Após algum tempo, meu esposo e eu voltamos a morar no bairro em que hoje tenho a minha clínica odontológica, e novas oportunidades começaram a surgir. Trabalhei em diferentes segmentos durante alguns anos, como em uma fábrica de produção, casa de família, empresa de produtos hospitalares... Até que, por um problema de saúde, fui obrigada a me afastar por um período, e o que nos mantinha era apenas a renda do meu esposo.

Uma insuportável dor de dente que me acompanhou por alguns dias também trouxe um novo rumo para a minha vida. Buscando por atendimento odontológico para a solução da minha dor, entrei em um consultório e, me afeiçoando ao local, iniciei um tratamento de canal. Nas consultas de cada dia, me queixava da falta de emprego como forma de desabafo, até que a dentista me ofereceu um trabalho como doméstica em sua casa e, um tempo depois, em seu consultório, os quais aceitei sem hesitar. Isso durou seis anos.

Em um dia de trabalho no consultório odontológico, fomos contatados por uma empresa multinacional que estava averiguando o atestado de horas que ali tinha sido declarado, no qual eu havia escrito uma palavra de forma gramaticalmente incorreta. Neste dia, fui aconselhada pela dentista a retomar os estudos e vi uma chance de iniciar o supletivo para concluir os meus estudos. Assim que terminei, ela me incentivou a fazer um curso de Prótese Dentária.

Com o apoio e suporte de meu esposo, iniciei o curso, pois sabia que para minha evolução seria necessário investimento e muita dedicação. Com o tempo, fui percebendo em mim o desejo de um dia me tornar cirurgiã-dentista e dona do meu próprio consultório e, partindo desse desejo, prestei prova para dois vestibulares em faculdades de Odontologia, obtendo, com muito esforço, aprovação em ambos. Na mesma época, recebi uma proposta de compra do meu atual consultório odontológico de uma conhecida, o que parecia surreal.

Quando surgiu essa oportunidade de comprar o consultório, não tive muito apoio onde trabalhava, pois como tinha trabalhado de empregada doméstica cheguei a ouvir a seguinte frase: "Empregadinha doméstica acha que tem bala na agulha para montar um consultório". Apesar de todos os empecilhos, havia aprendido com Deus que quando é de Sua vontade, assim acontece e, assim foi... Lá estava eu, cursando Odontologia e recebi uma proposta de comprar um consultório. Fiquei muito contente e pensando de que maneira isso aconteceria, já que não tinha condições financeiras. Contudo, Deus, de maneira muito especial, preparou a compra do consultório, pois a pessoa que me vendeu a todo momento usava essa frase: "Deus está me cobrando de vender esse consultório para você". Então respondi para ela que, se Deus está te cobrando vender esse consultório para mim, o consultório é meu. Eu o recebo em nome de Jesus Cristo.

Fiquei muito feliz por esse sonho realizado na minha vida. Apesar de sonhar, nunca imaginava a concretização.

Eu tinha um valor a receber da empresa da qual estava afastada e este valor veio na hora certa, em meio a negociação de compra. Todos os dias, na rotina da clínica, temos desafios a serem enfrentados e resolvidos. Mas quando Deus está no controle tudo fica mais fácil. Diariamente, eu vejo a mão de Deus agindo em minha vida.

Depois de muita luta, hoje sou extremamente grata a Deus, pois, por meu próprio mérito e esforço e com as oportunidades que Ele me proporcionou, conquistei bênçãos que pareciam inatingíveis àquela menina sonhadora, de sete anos – sempre me recordo das dificuldades que passei em minha vida. Isso nunca foi um empecilho para desistir. Meu sonho era ter meu próprio negócio e Deus me proporcionou além do que eu esperava. Eu sonhava em ter um consultório ou um laboratório, ser empreendedora.

Quando tudo começou, era um simples consultório, e em pouco tempo tornou-se uma clínica com três salas de atendimento, uma equipe de profissionais dedicando-se ao melhor tratamento aos pacientes, um laboratório de prótese, onde meu esposo Reinaldo acabou tendo gosto pelo consultório e fez um curso. Hoje ele é o protético do laboratório. Trabalhamos em família. Além do que eu imaginava!

Em meio a tantas batalhas e tempestades, a todo momento percebo minha vida cheia de vitórias, e cada obstáculo ultrapassado serviu para fortalecimento. Houve momentos em que achei que não conseguiria. Foi uma opção difícil de trabalho duro, mas um caminho honrado. E o que me fortalecia é que quando Deus promete, Ele cumpre. Ele nunca olha nossas fraquezas. E nos dá além do que merecemos.

Sem Deus, nada sou. Porque o Senhor é meu pastor e nada faltará. Tenho certeza de que essa clínica sempre será abençoada, pois é dedicada ao Senhor. E essa é a minha história: de doméstica a uma empreendedora totalmente realizada e engrandecida por Deus, e que tem muito orgulho de tudo o que está vivendo!

23

A JORNADA DE SER EMPREENDEDOR

Acredito que, em algum momento da leitura, você se identifique com meu relato de vida. Conheço os desafios e também as surpresas que temos em cada etapa vivida. Siga em frente com foco e fé, e que as pedras no caminho façam você construir uma bela história de aprendizado, como ser humano e empresário. Sucesso na vida.

LEONICE TENÓRIO BARBOSA DOS SANTOS

Leonice Tenório Barbosa dos Santos

Graduada em Gestão de Recursos Humanos pela Universidade Anhembi Morumbi. Formação em *Business Internacional de Liderança e Coaching* (Sociedade Brasileira de Coaching e Brian Tracy) e *Personal & Professional Coach e Líder Coach* (Sociedade Brasileira de Coaching). Palestrante de Gestão Comportamental e Emocional, *coaching* para desenvolvimento de líderes, gestores e empreendedores. É casada, tem dois filhos e dois netos. Autêntica, alegre, ama viajar, dançar, passear, curtir a natureza, fazer caminhada ao ar livre, ler, escrever, ouvir música, ficar com a família e amigos. Coautora de três livros: *Desprenda-se, Coaching – mude seu mindset para o sucesso – volume 3* e *Mapa da vida*. Seu propósito de vida é desenvolver pessoas, empreendedores, líderes e gestores no processo de autodesenvolvimento, gestão emocional e planejamento, para atingirem seus objetivos pessoais ou profissionais.

Contatos
leonicecoaching.com.br
11 96356 0085

O começo da jornada

Comecei a trabalhar com 14 anos de idade. Não foi por motivo de necessidade, mas pela vontade de ter meu próprio dinheiro, para comprar as coisas que tinha vontade. Sempre me reconheci como uma pessoa com muita energia, vontade de aprender e gostar de ajudar o próximo.

Tempos depois consegui um segundo trabalho, em uma loja, que era da Sra. Dirce. Recordo-me do nome dela até hoje. A loja, pequena, ficava na frente de sua residência. Eu gostava bastante de trabalhar ali, atender as clientes, embalar as mercadorias e ficar no caixa. Tudo era um aprendizado para mim; eu não almejava grandes coisas, era apenas uma adolescente em busca de viver a cada dia e ser feliz, fazendo as coisas da maneira como tinha de ser.

Muitas coisas aconteceram, como é na vida de todos nós – temos horas boas e horas não tão boas assim. Cheguei à fase adulta e trabalhei em grandes empresas. Tive várias oportunidades, conheci muitas pessoas bacanas que me ajudaram a trilhar e percorrer esse caminho de aprendizado o qual trilhamos ao longo de nossa vida profissional.

Com o passar do tempo, surge a necessidade de aprender coisas novas. É de suma importância reciclarmos nossa mente, em prol de evolução, e também de sermos reconhecidos; é claro que vai depender de cada pessoa, de suas expectativas, sonhos e ideais.

Durante a caminhada, conforme as experiências vividas, o aprendizado, a busca por informações e crescimento profissional, vamos amadurecendo e idealizando coisas novas na vida profissional.

Com as experiências vividas vêm alguns questionamentos, análises e reflexões, e, lógico, o sonho de querer algo mais.

Como ser dona do próprio negócio?

Quem nunca pensou nisso? Se não teve este questionamento, é possível que ainda venha a tê-lo.

Esse momento chegou em minha vida, após anos trabalhando em diferentes locais. Atuei em muitas áreas, trabalhei com produtos e serviços diversos, até que comecei a pensar se em algum momento eu teria algo. Pensar é fácil, difícil mesmo é concluir. Contudo, eu não tinha uma ideia clara, apenas um desejo de ter algo, de ser dona do meu destino profissional.

Devido às muitas dificuldades vividas com pessoas difíceis de lidar, frustrações e cansaço da rotina, e, por pensar grande e ter a oportunidade que muitos tiveram, eu pensava: por qual razão eu também não posso, em algum momento?

Assim, a vida seguiu seu percurso. Em uma empresa que trabalhei, havia uma pessoa que, a cada quinze dias, fazia uma visita na empresa, para uma consultoria interna com alguns funcionários. Eu achava aquilo interessante. Um dia, quis saber mais sobre o que ele realmente fazia. Para a minha surpresa, ele era *Coach*. Eu nunca tinha ouvido falar sobre isso, fiquei curiosa e tive a oportunidade de conhecer mais sobre o seu trabalho. Fiquei fascinada e ele me tirou todas as dúvidas a respeito. Pouco tempo depois, eu saí daquela empresa.

Em busca do sonho

Eu havia me mudado para São Bernardo do Campo/SP estava sem trabalho, em uma cidade que não conhecia, um novo tempo e muitas novidades a caminho. Eu nem imaginava o que estava por vir. Foi nesse momento que pensei no projeto de ser empreendedora! Mas como? Por onde começar? Veio em minha mente o trabalho de *coach*, sobre o qual busquei informações para minha certificação e logo coloquei em prática. Estava consciente do que eu queria, pois tinha feito um planejamento antes de tudo começar.

Hoje, estou na área há seis anos. Nesse período, momentos desafiadores surgiram, pois ser empregado é uma coisa, e ser empreendedor é uma realidade bem diferente. Aqui estou, com essa grata surpresa de poder relatar minha trajetória até aqui, para poder inspirar você, para que siga seu sonho ou continue e persevere em seu propósito. Não vou iludi-lo dizendo que tudo serão flores, mas sim, haverá desafios, problemas... Muitas vezes, dá vontade de desistir. Contudo, a cada vitória alcançada, a cada desafio superado, você vai olhar para frente e se sentir motivado para seguir adiante.

Desafios do empreendedor

Na vida do empreendedor, há aprendizados que só virão com a experiência do erro, com os desafios do dia a dia. Eles serão muitos, tenha certeza disso, mesmo que você se prepare, que o plano de negócios seja bem elaborado e tudo detalhadamente planejado.

Entendeu o tamanho do desafio? A sabedoria do novo empreendedor reside em identificar, em função do seu estágio de desenvolvimento pessoal e dos desafios do seu negócio, os seus *gaps*, e desenvolvê-los o mais rápido possível. O drama da coisa é que isso nunca para, já que o mercado e as empresas são muito dinâmicos e novos *gaps* surgem a cada dia. A postura de manter sua curiosidade intelectual em alta, ou seja, buscar continuamente o seu desenvolvimento pessoal, é essencial.

Começo por um ensinamento chinês, de muita sabedoria, mas que a maioria dos novos empreendedores compreenderá a sua profundidade e passará a aplicá-lo muito tarde, depois de cometer muitos erros. Só a experiência comprovará o acerto, já que os atalhos costumam levar ao desastre e ao recomeço. Acredite, não há atalhos, principalmente se conduzirem por caminhos não alinhados com a ética ou a lei.

A habilidade de inspirar pessoas, conquistar seguidores e montar uma enorme equipe capaz de entregar resultados surpreendentes representa um enorme diferencial para o seu negócio, mas leva um bom tempo para ser desenvolvida. Outro ponto é a capacidade de tomar decisões – quando não há dados ou tempo disponíveis, apenas com a visão dos impactos que elas terão no médio e longo prazos.

Um ensinamento precioso que também só se adquire ao longo da jornada é que, para chegar lá, você terá de gastar muito mais tempo, energia e recursos financeiros do que imaginava e o seu bom senso recomendava! Assim, você deve ser resiliente e prosseguir, pois nunca sabe o quão distante está do sucesso.

Alinhar o seu negócio ao seu propósito de vida é algo que também vem com o tempo. O desafio, neste caso, é definir o seu propósito, o que depende de busca e maturidade.

Se eu tivesse de eleger o maior dos ensinamentos da vida empreendedora, diria que o esforço que você faz para colocar uma ideia em prática sempre se justifica, não só pela riqueza que ela pode gerar, mas também pela satisfação de ter contribuído para a evolução do mundo à sua volta, de ter tornado a vida das pessoas mais produtiva, descomplicada, feliz, prazerosa e divertida. É o seu legado.

1. Abrindo as portas do negócio

Para quem ainda está dando os primeiros passos na criação de um negócio próprio, há ainda mais uma dificuldade: a falta de experiência. Aprender com quem já passou pelo que você ainda irá passar é fundamental para evitar erros de principiante. Analise seu perfil e decida-se pelo seu tipo de empreendimento.

2. Abandone as idealizações

Não tenha medo de compartilhar suas ideias. Aprendi que quanto mais ensinamos ou, melhor, compartilhamos, mais aprendemos.

Na vida temos momentos que precisamos de pessoas para nos aconselhar e nos dar uma direção para seguirmos no caminho certo. Não que isso fará com que não erremos, mas nos ajudará a errar menos, com as experiências de vida de outros que já alcançaram seus objetivos.

3. Trabalhe com algo que te faça feliz

Essa ideia ou frase, como você achar melhor, parece clichê, não é verdade? Mas é essencial para a nossa vida profissional, pois, muitas vezes, fazer o que se gosta já é desafiador, imagina, quando é o contrário?!

Já tive a experiência de trabalhar em algumas posições que não gostava e, vou confessar, foi bem difícil. No entanto, acredito que todas as oportunidades que surgem têm um propósito para nos ensinar e ajudar a sair da nossa zona de conforto.

Para atingirmos novos patamares e conquistar nossas metas é importante aprender e lidar com situações diversas, porque é dessa forma que adquirimos uma bagagem realmente vivida para, no futuro, podermos olhar para trás e ver de onde saímos e até onde podemos chegar.

Com certeza, isso o ajudará a saber o que quer fazer de sua vida profissional, qual carreira seguir ou como percorrer sua jornada de crescimento dentro de uma organização. Saber o que te faz feliz, muitas vezes, é uma jornada difícil, mas você encontrará o caminho certo, por isso, não desperdice seu tempo e agradeça a cada oportunidade que tiver.

Reclame menos e faça mais, aprenda, pergunte, se interesse, seja proativo. Busque ser humilde, grato e ajude sempre que necessário seus colegas de trabalho, com carinho e dedicação.

Talvez você imagine que ninguém vê o que você faz, que está esquecido, mas engana-se caso esteja pensando assim: é o contrário! Há uma pessoa que sempre está de olho em tudo o que você faz, seja bom ou ruim, e essa pessoa é Deus. Eu aprendi que tudo que devemos fazer, que façamos o melhor, não para os homens, mas sim para Deus, que tudo vê e conhece suas necessidades e fraquezas, pois no tempo oportuno Ele te recompensará.

Tudo o que se propor a fazer faça com alegria e singeleza no coração.

4. Tenha uma agenda organizada

A organização é fundamental em qualquer situação, principalmente no trabalho. Não importa a sua profissão, pois quanto mais organizado e disciplinado você for, mais terá benefícios e poderá administrar melhor o tempo a seu favor, pois terá tudo ao seu controle com o começo, meio e fim de cada tarefa.

5. Aprenda a dividir tarefas

Será muito mais fácil aprender a contar com seus companheiros, dividir as tarefas ou até mesmo pedir ajuda quando está sobrecarregado. Não somos de ferro e não conseguimos fazer tudo ao mesmo tempo e, nessas horas, uma mãozinha vai muito bem, não é mesmo?

Por isso, deixe de ser controlador ou de querer fazer tudo por todos, garanto que você ficará muito bem ao compartilhar suas tarefas diárias, e ainda conseguirá descansar mais, terá mais energia e disposição para outras coisas.

6. Procure ter mais equilíbrio na vida

Essa dica, dentre todas as outras, é, para mim, sem dúvida a melhor de todas! Eu aprecio o lado bom da vida em todos os sentidos e falo isso de verdade, pois tudo o que temos de mais precioso é nossa saúde, família e amigos.

Busco o tempo todo e em todas as áreas se minha vida ter equilíbrio, nem mais, nem menos, mas sim o suficiente para manter a harmonia entre mente e corpo, algo essencial para o nosso bem-estar.

Dessa forma, é preciso conviver uns com os outros, buscando a reciprocidade e a gentileza sempre. Assim, você terá paz e a consciência de dever cumprido, sendo cuidadoso consigo mesmo, fazendo seus exames de rotina, praticando um esporte e cuidando da sua vida espiritual.

Um breve recadinho meu para todos vocês

Lembre-se de ser quem você é, não permita perde-se na caminhada. Sucesso, fama e dinheiro... Tudo isso passa e o que fica é sua dignidade, seus valores. Lembre-se de que tudo o que fizer, faça com amor, carinho e dedicação, não para receber elogios e ser paparicado.

Tudo o que temos e que viermos a ter sempre será porque Deus nos proporcionou e nos ajuda a todo momento, muitas vezes mesmo sem merecermos. Ele nos ama de forma incondicional, que ninguém poderá nos amar. Sem julgamento, sem querer receber nada em troca, sem reservas, e por todos esses motivos, devemos fazer o nosso melhor.

Desejo a você uma jornada de muito aprendizado e conquistas. Que você possa ajudar muitas pessoas com o fruto das suas mãos, que Deus o capacite em cada decisão a ser tomada com sabedoria, perseverança, foco e amor.

Frases de motivação para empreendedores

"Os empreendedores falham, em média, 3,8 vezes antes do sucesso final. O que separa os bem-sucedidos dos outros é a persistência" – Lisa M. Amos, executiva.

"Oportunidades não surgem. É você que as cria" – Chris Grosser, fotógrafo.

"Não tente ser uma pessoa de sucesso. Em vez disso, seja uma pessoa de valor" – Albert Einstein, físico.

"Comece de onde você está. Use o que você tiver. Faça o que você puder" – Arthur Ashe, tenista.

Referências

BALBINOT, B. *A vida em um dia: como as 24 horas são usadas por um empreendedor de impacto*. Disponível em: <https://endeavor.org.br/historia-de-empreendedores/a-vida-de-um-empreendedor-em-um-dia/?gclid=CjwKCAjw8-78BRA0EiwAFUw8LLflPohjExuSDtJDJN9le8shZcCs_EIKqnIHOoLlu2gSouWZe9Kh1xoCPYYQAvD_BwE>. Acesso em: 5 mai. de 2021.

PEQUENAS empresas & grandes negócios. *160 frases de motivação para empreendedores*. Disponível em: <https://revistapegn.globo.com/Empreendedorismo/noticia/2016/02/160-frases-de-motivacao-para-empreendedores.html>. Acesso em: 5 mai. de 2021.

24

A CHAVE PARA DESENVOLVER UM *MINDSET* DE SUCESSO EMPREENDEDOR

Este capítulo é um deleite, e chega em excelente hora! Ele mistura de forma muito agradável a ciência da inteligência emocional e o *mindset* empreendedor com orientações sábias sobre como atingir o sucesso nesse novo normal.

MARCIANI KESTRING BADZIAK

Marciani Kestring Badziak

Master coach pela Sociedade Brasileira de Coaching. Formações em: *Personal & Professional Coaching, Executive e Business Coaching, Career Coaching, Mentoring Coaching, Leader Coach, Positive Psichology Coaching* e Acelerador da Felicidade. *Practitioner* em Programação Neurolinguística pelo Instituto Brasileiro de Coaching. *Coach* educacional e vocacional. Analista de perfil comportamental e analista líder alpha. Aplicadora do Programa da Escola da Inteligência do Dr. Augusto Cury. Professora, palestrante e mentora. Graduada em Administração de Empresas, especialista em Gestão Estratégica de Pessoas e especialista em Gestão de Finanças. 20 anos de experiência em educação.

Contatos
marcianikb@gmail.com
Instagram: @marcianibadziak_mastercoach
Facebook: @Marciani Badziak Master Coach
LinkedIn: @Marciani Badziak Master Coach
48 99926 9498

O novo normal empreendedor

Ao longo de toda a existência humana, a história nos conta que a humanidade já passou por várias crises, sejam elas econômicas, políticas, ambientais, religiosas, educacionais, sociais ou sanitárias. Uma característica comum entre todas essas crises da história é o sentimento de incerteza de como lidar e as dúvidas sobre como será o futuro após elas, bem como a necessidade da humanidade de adaptar-se e reinventar-se. Crises sempre trazem consigo enormes oportunidades de crescimento, fortalecimento e aprendizado.

O mundo está vivendo uma grande crise. A pandemia da covid-19 está exigindo de toda a humanidade uma grande capacidade de adaptação, mudança comportamental e desenvolvimento de competências para se ajustar ao novo cenário e preparar-se para o mundo pós-crise. Percebemos uma grande revisão de valores, assim como a aceleração de processos em várias áreas, com ênfase em tecnologia, internet e educação. Pessoas ficaram mais em casa e, para isso, alguns ramos tiveram pouco tempo para se adaptar e entregar com maior velocidade as suas demandas. Um novo normal surgiu, acelerando, de forma exponencial, a necessidade de avanços no campo tecnológico, mas principalmente no desenvolvimento de recursos e competências para lidar com este novo normal.

Observamos que este novo normal está sendo um grande desafio para muitos empreendedores gerirem seus medos, inseguranças, indisciplinas, frustrações e crenças. Frente a este cenário, é ainda mais pertinente entender o padrão que se estabelece e que determina seus resultados.

Padrão primitivo

O ser humano, por um instinto primitivo de sobrevivência, tende a se manter em sua zona de conforto, em um estado de segurança, evitando situações de risco ou que lhe exijam o empenho de energia extra, pois representa risco à sua existência. Ele busca, inconscientemente, algo que ao menos lhe ofereça essa sensação, porém não percebe que na maioria das vezes é apenas uma falsa sensação de segurança.

Para que possamos entender isso, basta voltarmos ao tempo primitivo dos homens das cavernas. Eles viviam em cavernas porque o ambiente externo que os cercava era extremamente hostil e representava risco à sua sobrevivência. Viver fora deste ambiente consumiria muita energia e os deixaria em constante estado de alerta. A caverna representava essa sensação de conforto e segurança. Lá estariam "confortáveis e seguros", porém, essa sensação tinha fim quando o alimento acabava, outro recurso estritamente indispensável, forçando-o a sair, para assim continuar garantindo sua existência.

Esse movimento exigia o consumo de muita energia e o deixava em total estado de alerta, fazendo com que buscasse retornar, o mais rápido possível, para sua zona de conforto. O movimento de sair somente em caso de extrema necessidade para buscar alimento e retornar imediatamente para sua zona de conforto se tornou seu padrão primitivo de sobrevivência.

Por mais que tenhamos evoluído com o passar desses milhares de anos, continuamos com este padrão primitivo de sobrevivênia, instaurando-se uma forte crença de que qualquer situação que nos exija o empenho de energia extra está nos oferecendo risco, o qual, inconscientemente, nos faz buscar a nossa zona de conforto.

Tudo aquilo que vivenciamos e absorvemos desde a infância se reflete em nosso modo de ver e agir frente ao mundo, e se tornam nossas crenças, que determinam nossos resultados. Compreender que nossas crenças determinam nossos resultados é essencial para aumentar a consiência sobre quais são as crenças que dominam nosso *mindset* e, automaticamente, nossos resultados. É estritamente necessário para mudarmos nossos resultados entendermos que crenças são ensinamentos, frases, padrões que ouvimos durante a vida e que, de forma inconsciente tomamos como verdades absolutas.

Ao sabermos que o nosso *mindset*, gerado pelas nossas crenças, é determinante para nossos resultados, sejam eles positivos ou negativos, precisamos entender o que é o *mindset*. Ao buscarmos a tradução livre, compreendemos que *mindset* significa a configuração da mente, nossa programação mental, nosso padrão de pensamentos. É a forma como enxergamos o mundo, como reagimos às diversas situações que enfrentamos diariamente. Se aprofundarmos o estudo acerca desse tema, podemos entender que nosso padrão de pensamentos é formado por nossas crenças e valores, aquilo em que acreditamos e que tem valor para nós.

Logo, observamos que um padrão instintivo e inconsciente se estabelece: nossas crenças geram nossos pensamentos, estes disparam em nós um sentimento, os quais definem nossas ações, e ações repetidas se transformam em hábitos, que determinam nossos resultados, simples assim! Em resumo, crenças negativas geram resultados negativos, ao mesmo passo que crenças positivas geram resultados positivos. É a lógica dos resultados!

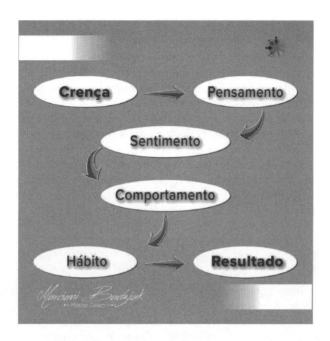

Se você pensa que pode ou pensa que não pode, de qualquer forma você está certo.
HENRY FORD

Pense no seguinte exemplo: o que você faz muito bem? Talvez seja apenas o simples ato de andar de bicicleta. Lembre-se de quando aprendeu, pense nas imagens, como você aprendeu, como tudo começou, os momentos, os movimentos, quem estava lhe ensinando, o lugar, as sensações...

Perceba que se você realmente acreditava que poderia aprender, você pensava em coisas positivas e logo vinham à tona sentimentos de felicidade e um sorriso, que motivavam o hábito de treinar mais e mais, tornando-o muito bom em andar de bicicleta. Nesta situação, identificamos a criação de uma crença positiva, ou fortalecedora, que determinou um resultado positivo.

Este padrão também poderia ter acontecido de forma contrária se você realmente acreditasse que não conseguiria aprender a andar de bicicleta. Você pensaria em coisas negativas e logo viria à tona um sentimento de tristeza, trazendo como comportamento o choro, que te desmotivaria, impedindo que você aprendesse a andar de bicicleta. Aqui percebemos que uma crença negativa ou limitante se instaurou, e logo um resultado negativo surgiu.

Tal padrão se estabelece para todas as áreas e situações de nossa vida, seja para aprender a andar de bicicleta, como o exemplo acima, ou a empreender em um negócio que representa a realização de um grande sonho. Sem os recursos para lidar com esse padrão, acabamos tendo cada vez mais resultados insatisfatórios.

Você está satisfeito com os resultados que tem? E se você tivesse a chave para acelerar seus resultados?

Vimos que, ao longo dos anos, as maiores referências da humanidade, como Steve Jobs, Bill Gates, Henry Ford, Thomas Edison e Albert Einstein, responsáveis por feitos que mudaram a vida de muitos, nos mostram que nossas crenças e nosso *mindset* realmente são determinantes para nossos resultados. Acrescentamos estes a um propósito, um anseio por ascensão, a persistência e execução, e logo presenciaremos o que pensamos se tornar realidade, acelerando nossos resultados e nosso crescimento.

Sabendo então que *mindset* é a nossa programação mental, nossa predisposição a produzir certos padrões comportamentais e pensamentos para que então possamos desenvolver uma nova abordagem e que, essa programação se dá com base nas nossas crenças e valores, capaz de afetar escolhas, sentimentos, comportamentos, hábitos e resultados, podemos afirmar que este padrão pode ser conscientemente controlado e reprogramado.

A reprogramação de crenças

Agora que sabemos que nossas crenças influenciam diretamente nossos resultados, o que fazer com as crenças que limitam nossos resultados?

O que devemos fazer é substituir essas crenças. Remover as crenças que nos limitam e instalar novas crenças fortalecedoras. Como nossas crenças vão se instalando com nossas vivências, referências, experiências e, ao se instalarem em nosso cérebro, nosso sistema de crenças passa a funcionar de acordo com essas crenças, então podemos reprogramá-las.

Para reprogramar nosso sistema de crenças, é necessário estabelecer novas crenças que vão influenciar um novo *mindset*, novos padrões de comportamentos e hábitos que proporcionarão novos resultados. Construir novos padrões de pensamentos exige uma ação prática. Uma ação que auxilia na construção de novos pensamentos. A base para a instalação de novas crenças se inicia com a leitura de livros com conteúdos que fortaleçam o desenvolvimento de um *mindset* positivo. Questionar criticamente as crenças é outra ação importante para estabelecer um novo padrão.

Ainda, outra ação prática eficaz é a observação de comportamentos de outras pessoas que realizaram o que desejam e modelar, ou seja, observar suas atitudes e aplicar na sua realidade também é uma ação prática eficaz. Esta ação reforçará a crença de senso de autoeficácia "se ele consegue, eu posso conseguir também".

A inteligência emocional...

Mahatma Grandhi falou:

> Mantenha seus pensamentos positivos, porque seus pensamentos tornam-se suas palavras. Mantenha suas palavras positivas, porque suas palavras tornam-se suas atitudes. Mantenha suas atitudes positivas, porque suas atitudes tornam-se seus hábitos. Mantenha seus hábitos positivos, porque seus hábitos tornam-se seus valores. Mantenha seus valores positivos, porque seus valores... tornam-se seu destino.

Se você quer se preparar para este novo normal, é necessário aprender a gerir suas emoções. A inteligência emocional é uma definição da psicologia que retrata a capacidade de avaliar e reconhecer os sentimentos das outras pessoas e os seus próprios, da mesma forma que a capacidade de gerenciá-los.

Sabemos, entretanto, que não é algo simples. Você precisará estar disposto a assumir a responsabilidade por essa nova postura e, automaticamente, colherá os frutos dessa mudança. Ao aprender a gerir esse padrão, você terá em mãos a chave para acelerar seu crescimento e seus resultados em todas as áreas de sua vida.

Para aprendermos a gerir esse padrão, é necessário conhecermos a base para um *mindset* empreendedor, o que hoje são consideradas as competências do profisisonal do futuro, a inteligência emocional.

Para termos sucesso, é preciso identificar as crenças que estão ligadas a isso e ressignificá-las. A inteligência emocional utilizada para a ressignificação de crenças é a chave para desenvolver um *mindset* de sucesso para este novo normal empreendedor.

O *mindset* empreendedor

Vimos que muitas pessoas, cansadas de terem resultados ruins ou insatisfatórios no que se propõem a fazer, acabam desenvolvendo a crença limitante de que nunca serão capazes de obter sucesso ou resultados significativos, assim como pessoas com um desejo de mudança, mas não sabem como tornar esse anseio realidade. E você, em qual realidade você está: alimentando a crença limitante de que não é capaz de obter resultados significativos ou está disposto a mudar sua vida em busca de realizações?

No caso de você ter respondido sim para a segunda opção, significa que você está preparado para entender o funcionamento da lógica dos resultados, de um *mindset* para este novo normal empreendedor.

O *mindset* empreendedor é uma atitude! É a forma como encaramos as situações de desafios, como enfrentamos nossos medos. É a consideração constante de aperfeiçoar competências e habilidades e, sempre que necessário, recomeçar, tentar novamente. Desse modo, abre-se um ciclo de melhoria contínua que jamais volta ao estado anterior.

O padrão de pensamento empreendedor é o que precisamos para atingir e impulsionar resultados. Ele possui características de personalidade que o diferenciam. Empreendedores possuem características cognitivas e de resolução de problemas flexíveis e passíveis de serem desenvolvidas.

Um *mindset* empreendedor possui:

- Objetivos claros e definidos, e ainda os revê com frequência diária. Possui um compromisso firme com o propósito (senso firme de propósito), impulsiona o *mindset* empreendedor;
- Busca por desafios constantes que o tiram da zona de conforto. Proporciona crescimento e melhoria contínuos através do desenvolvimento de competências e habilidades, oferecendo confiança e aumentando o senso de autoeficácia, o quanto acredita na sua capacidade de realizar;

- Desenvolve uma visão sistêmica permitindo ver as situações sob diversos prismas e em um sistema geral, simplificando a forma como os vê. É focado na solução;
- Constância em seus esforços. Aplica com disciplina aquilo que se propõe a fazer e que precisa ser feito.

25

UMA NOVA REALIDADE PRECISA DE NOVOS HÁBITOS

Para entender o "novo normal", é preciso olhar para o passado, analisar o presente e imaginar o futuro. Lembrar como vivíamos, compreender os efeitos da crise e programar as mudanças necessárias para os próximos passos. Uma nova realidade precisa de novos hábitos. Este capítulo fala dessas mudanças e como vamos precisar de autoconhecimento para encará-las sem medo.

MÔNICA MORAES VIALLE

Mônica Moraes Vialle

Diretora executiva da MVPAR Real Estate Investments, em Portugal, e sócia e diretora da MOOM Consultoria e Coaching, empresa binacional Brasil e Europa. Obteve sua formação junto às mais importantes instituições nos EUA, Portugal e Brasil. Mestre em Arquitetura, arquiteta e urbanista, técnica em edificações, especialista em *real estate*, gestão de negócios imobiliários e construção civil. Escritora, palestrante, mentora e consultora em *real estate*, arquitetura e *coaching*. Seu histórico profissional indica mais de 20 anos em posições de liderança em empresas importantes no Brasil e na Europa.

Contatos
www.mvpar.eu
www.moomconsultoria.com
consultoria@moomconsultoria.com
Instagram: @monicamoraesvialle
Facebook: Monica Moraes Vialle
LinkedIn: Monica Moraes Vialle
Podcast: Ouro sobre azul – narrativas da vida

Abraçando as lembranças

Casamentos, aniversários, formaturas ou aquele encontro com os amigos da adolescência. Festas que pedem abraços demorados e compartilhamento de lembranças, comidas e bebidas. As salas de reuniões sempre cheias, os bares lotados, as salas de aula com bancadas próximas e mesas para pequenos e grandes grupos. Realidades comuns antes de sermos completamente impactados por uma pandemia sem precedentes na nossa geração. O que vai mudar?

Não apenas os aspectos sociais e econômicos, duramente afetados pela crise causada pelo novo coronavírus sofreram e vão sofrer alterações. De repente, nossa rotina foi completamente modificada. Nada de encontros ou reuniões em grandes grupos. O distanciamento virou regra. A máscara virou acessório permanente. Uma nova normalidade se instalou.

Para entender o "novo normal", primeiro é preciso mergulhar na etimologia das palavras. O que é o "normal"? Normal é algo comum, regular, usual e natural. Era natural que as pessoas se encontrassem. As aglomerações nas ruas, no comércio, nos teatros e cinemas eram um padrão de comportamento que se repetia sem ameaças.

No entanto, uma nova conjuntura se fez presente, nos obrigando a mudar para garantir a sobrevivência. O "novo" – no sentido de inédito e recente – foi colocado ao lado de uma palavra banal. O novo normal nos submete a um novo padrão. Deixar velhos costumes de lado e remodelar a forma como agimos e pensamos para poder seguir em frente. Por nós e pelos outros. O novo normal exige transformação.

Essa, nem de longe, é a primeira vez que isso acontece na história da humanidade. Pode parecer o "fim do mundo", mas não é bem assim. O novo normal só está apressando mudanças que a sociedade precisava encarar para evoluir. Nossas rotinas foram drasticamente alteradas, mas tudo vai passar a fazer mais sentido com o tempo.

A preocupação com a saúde vai deixar as pessoas mais conscientes e responsáveis. Caminhamos para um mundo em que hábitos de higiene serão incorporados com mais naturalidade. O associativismo, o engajamento, a sustentabilidade e a inovação serão questões *sine qua non* para o futuro.

Aprendendo com o presente

Mas antes de falarmos sobre o futuro, vamos falar sobre o hoje. Você já sabe. O presente é o aqui e o agora. E o que aprendemos com a atual realidade sempre vai nos deixar mais fortes para encarar o amanhã. Viver o presente e estar atento às oportunidades é necessário mesmo quando o cotidiano nos desafia. Nada foi mais desafiador no último século do que a pandemia causada pelo covid-19.

A duras penas, a crise revelou que tinha algo errado no nosso comportamento. De um dia para o outro, percebemos que é possível trabalhar em casa, que muitas reuniões são dispensáveis, que é preciso ser solidário, que podemos consumir menos, que podemos cozinhar nossa própria comida, que podemos viver com menos, que não precisamos de tanto. Acima de tudo, devemos agradecer o que temos.

Descobrimos vantagens e dissabores. Sobretudo, aprendemos que não temos o controle de tudo. Independentemente do que queremos, a mudança é constante. Fomos forçados a sair da zona de conforto, da normalidade, para mergulhar em um presente completamente novo. Fomos forçados a lidar com situações nunca antes imaginadas.

Ao mesmo tempo em que o distanciamento social e as demais consequências da pandemia trouxeram aprendizado, também revelaram a dor e o medo. O medo de adoecer, o medo de perder o emprego, o medo do futuro. Isolados e privados do contato social, do abraço de amigos e familiares, aprendemos que podemos mudar. Por outro lado, cuidar da saúde física e mental nunca foi tão essencial.

O presente é um momento apreensivo. Vivemos de #TBTs, as mensagens de lembranças nas redes sociais em referência ao termo em inglês *throwback thursday*, que remete ao passado. Privados de novas memórias e experiências sociais, o presente se tornou um acumulado do que já vivemos e a ansiedade de não saber o que está por vir.

Como manter o equilíbrio emocional nessa situação? O equilíbrio revela nossa capacidade de manter o controle, principalmente em meio aos desafios. Ter clareza de pensamento e não se desesperar diante das adversidades é essencial. Para muitos, as mudanças podem ser traumáticas e assustadoras. Uma condição imposta que apavora muita gente.

É instintivo do ser humano a busca por segurança e o apego ao que já é conhecido. Por isso, o novo normal é tão apavorante. É natural buscar a normalidade e refugar o desconhecido, mas a nova situação foi uma condição e não uma escolha.

Aceitando as mudanças

Aceitar que não vamos voltar ao que éramos é um grande passo para conquistar o equilíbrio emocional. Precisamos nos agarrar a ele para não sofrermos efeitos ainda mais drásticos. Médicos e demais profissionais que cuidam da saúde são categóricos ao afirmar que as consequências da pandemia a longo prazo são devastadoras mesmo para quem não foi infectado.

A crise afetou e abala a todos das mais diferentes maneiras, desde a questão financeira – e quem tem condições mais favoráveis deve ser grato por não passar necessidade – até questões emocionais. Ficamos mais apreensivos, mais ansiosos, mais depressivos. A compulsão por remédios aumentou, assim como a estafa. Estamos mais cansados.

O *home office* trouxe vantagens, mas também ampliou consideravelmente a carga horária trabalhada. Foi preciso aprender a administrar o tempo e quem não conseguiu está sofrendo ainda mais com a carga mental excessiva imposta pelas novas condições.

Para ajudar a enfrentar a situação, em primeiro lugar, é preciso manter a calma. A organização da mente e do espaço é aliada nesse momento. A aceitação da nova normalidade também. Nunca mais vamos voltar ao que éramos e isso é um fato.

"Ninguém pode entrar duas vezes no mesmo rio, pois quando nele se entra novamente, não se encontra as mesmas águas, e o próprio ser já se modificou", de acordo com o filósofo grego Heráclito. O pensador pré-socrático defendia que o mundo está em eterno movimento e estava certo. Não acalma o coração saber que a humanidade já atravessou crises piores ou tão catastróficas quanto a que estamos vivendo, mas é importante saber que podemos superar.

Ao longo da história enfrentamos situações até menos favoráveis, como a cólera, a poliomielite, a varíola, a peste e outros tipos de vírus da gripe. As epidemias vividas anteriormente provocaram milhares de mortes e dizimaram populações, influenciando costumes e forçando a mudança de comportamento. Mas a humanidade é outra agora. Não estamos no mesmo rio.

A tecnologia e a ciência podem mudar o rumo da história, mas só nós podemos mudar o nosso interior. E esse é um passo fundamental. O que podemos aprender com o novo estado das coisas? Depois de aceitar que tudo mudou e saber que jamais voltaremos ao velho normal, é hora de descobrir novos estados mentais.

Não estamos sozinhos

É importante entender que o combate à pandemia – e os efeitos dela – é uma luta de todos e cada um deve fazer a sua parte. Não importa se você não é cientista, médico enfermeiro ou não está trabalhando na linha de frente da saúde, o importante é saber que, se você cuidar de si e cuidar de quem está próximo, vai estar contribuindo para uma importante e necessária mudança de cenário.

Saber que não estamos sozinhos, pensar na coletividade e no bem comum é essencial. Pequenas convenções podem ajudar, sim, a atravessar essa fase turbulenta mesmo quando a crise sanitária passar. Adotar o uso da máscara em locais públicos, o distanciamento, manter hábitos de higiene, evitar aglomerações são apenas algumas práticas que devem ser mantidas. Além, é claro das novas práticas de consumo. E vamos ter que preservar essas atitudes por muito tempo.

A Organização Mundial de Saúde (ONU) estima que os efeitos da crise vão durar pelo menos dois anos e, portanto, criou algumas diretrizes para ajudar a enfrentar a situação. A organização lançou um relatório com premissas tanto para controlar a transmissão do vírus como para aliviar as consequências econômicas do surto.

O documento oferece um roteiro para que o mundo possa se reconstruir por meio da solidariedade e unidade global. Para a ONU, o novo coronavírus expôs desigualdades graves e sistêmicas que vão demorar para serem revertidas. O caminho para a sociedade, de acordo com a organização, será adotar práticas mais sustentáveis e igualitárias. O "antigo normal" não vai mais existir.

O trabalho remoto, a educação a distância, a busca por empresas com propósito e engajadas com a sociedade são apenas alguns exemplos dessa nova realidade. Em um apanhado do que os caçadores de tendência de todo mundo apontam para este novo horizonte temos verdadeiras alterações de valores.

A mudança já começou

Os futurologistas de plantão mostram variantes em todas as atividades. O mundo pós-pandemia será outro e o movimento já começou. Estamos revendo nossas crenças e valores, com alterações visíveis de comportamento.

Os hábitos de consumo já não são mais os mesmos. Foram afetados tanto pela crise financeira como pelo aumento da consciência da população. Consumir por consumir saiu de moda. Não é preciso mais ter o guarda-roupa cheio, a gaveta de maquiagens repleta de produtos e muitos sapatos sem uso. Até a relação com o transporte mudou e muita gente está revendo a real necessidade de ter um veículo próprio.

Com isso, as empresas vão precisar mudar a forma como se relacionam com os consumidores, modificando até mesmo os espaços internos das lojas. Segundo a WGSN, uma das maiores pesquisadoras de tendência no mundo, quando passar a pandemia, as pessoas ainda estarão receosas com aglomerações, cabendo às empresas oferecer um ambiente acolhedor e seguro.

A indústria do entretenimento também vai mudar radicalmente. Cinemas, museus, teatros, shows vão precisar se adaptar. O que já está acontecendo. Um exemplo é a abertura de *drive-ins*, com a exibição de filmes em telas gigantes e estacionamentos espaçosos para que ninguém precise sair do carro. O turismo também vai ser impactado e é de se esperar que a preferência seja para lugares próximos e não para longas distâncias.

Sob o mesmo ponto de vista, já está acontecendo uma explosão das compras virtuais e do consumo de conteúdo digital, em *lives*, webinares e outras formas de encontros on-line. A educação a distância passou de uma escolha a uma necessidade. Você pode encarar essa situação como um empecilho para busca do conhecimento, ou pode se valer dela para aprender coisas novas e promover o autoconhecimento.

Buscando o autoconhecimento

A capacidade de entender nossa personalidade define quem somos e – mais ainda – como agimos diante das situações. Em um cenário de crise como o que vivemos, é fundamental saber quem realmente somos e o que queremos. Isso vale tanto para o campo pessoal quanto profissional.

No "novo normal", vamos precisar nos reinventar. Mas para que isso aconteça, é preciso conhecimento profundo sobre si mesmo. Quem é você? Já se fez essa pergunta hoje? Comece por aí. Escolha um momento e escreva sobre sua real personalidade. Há uma diferença entre quem somos, como nos revelamos para os outros e como os outros nos veem.

Para buscar o autoconhecimento a primeira questão é mais importante. Se souber responder à pergunta, saber o que quer será mais evidente. E essa é uma questão essencial para encarar a nova realidade. Se você precisou fazer uma transição de carreira ou passou por uma mudança brusca na família – como uma separação ou a necessidade de morar na casa dos pais ou de amigos, por exemplo – conhecer os seus princípios e ideais vai ajudar a seguir em frente.

Independentemente da situação, é sempre a hora certa para buscar a positividade. Quebrar velhos padrões de comportamento que impedem o desenvolvimento é essencial, assim como compreender nossos processos mentais. É importante buscar ferramentas para entender como nossa mente funciona, desde o pensamento até as ações.

Este momento de transformação mostra que sempre podemos nos adequar a novas rotinas, que somos resilientes e adaptáveis. Enfrentamos uma crise sem precedentes e sairemos dela com perdas e ganhos, mas certamente mais evoluídos. A pandemia muda uma sociedade, mas só nós podemos mudar a nós mesmos para enfrentar o mundo e fazer dele um lugar melhor.

QUAL É SEU TEMPO DE RESPOSTA APÓS A CRISE?

O novo normal chegou sem avisar. Nem mesmo o empreendedor com o melhor planejamento estratégico foi capaz de preparar seu negócio para esse novo cenário. O setor de Turismo, afetado bruscamente com a recomendação do "fique em casa", precisou se reinventar rapidamente. O setor de viagens, embora tenha sido dos primeiros a ser afetados, foi apenas parte de um cenário de grandes ameaças e também grandes oportunidades. Vamos entender como tudo isso aconteceu e, acima de tudo, aprender como a viagem para dentro de si é sempre a mais difícil, mas também a mais engrandecedora.

NILDI OLIVEIRA

Nildi Oliveira

Administradora de empresas graduada pelaUnifei (2001), com pós-graduação a concluir em Direito e Relações no Trabalho pela Faculdade de Direito de São Bernardo do Campo. Há 21 anos no mercado Corporativo, com passagem em todos os setores administrativos. Experiência na área humana, financeira e técnico-administrativa. A vivência no Turismo veio da prática e da busca incessante pelo propósito de vida: servir pessoas, realizando sonhos. Participei de diversos movimentos em empreendimento feminino, como Rede Mulher Empreendedora, Projeto Conversa de Mulher, Escola de Você – todos me trouxeram musculatura, aprendizado e estímulo na carreira empreendedora.

Contatos
nildi.oliveira@encontresuaviagem.com.br
Instagram: @encontresuaviagemabc
11 99668 9476

A maior viagem da minha vida

Empreender no Turismo é uma tarefa muito desafiadora. Turismo pressupõe mobilidade. Contudo, o que acontece quando, subitamente, a *hashtag* "fique em casa" determina a vida de toda uma nação?

Antes de falar sobre a viagem principal, falemos um pouco como cheguei até ela. Setembro de 2015. Sabe quando você se vê no automático profissional, sem perspectiva de aprendizado e crescimento? Eu tinha atingido minha zona de conforto e não via mais como me recriar. Fim de carreira? Claro que não, início de uma nova!

Você pode se perguntar o porquê de eu ter escolhido o Turismo. Com formação administrativa, eu não precisava me prender ao setor de viagens e, teoricamente, poderia fazer qualquer outra coisa.

Procurei muitas formas de me recriar. Foi uma fase de muito estudo, pesquisas. Assim andei por vários ramos de atividade. Coloquei dois pontos de chegada: o primeiro é que tinha que ser o que me fizesse sentir orgulho de realizar. O segundo ponto se referia à sustentabilidade – o lado prático do negócio. Precisava ser rentável.

Antes do Turismo, passei por pesquisas no mercado de cosméticos e perfumaria, chocolates... Quando cheguei no Turismo encontrei o que nos outros eu não sentia: a sensação de fazer sentido, uma forma de realizar sonhos. Era o que eu buscava. Foi o que me preencheu!

Assumir riscos

A capacidade de assumir riscos é uma das características mais grandiosas do empreendedor, independente da área de atuação. Eu estava ali, assumindo o risco de iniciar a maior viagem da minha vida! E agora, por onde começar?

Dormir funcionária e acordar empreendedora exige não só coragem, como também uma boa dose de loucura, afinal, mesmo mensurando riscos, avaliando prós e contras e nos cercando de todos os cuidados, planejamento e estudos, qual é a garantia plena de sucesso de qualquer negócio?

De certa forma, o incerto, desde que realizável, nos impulsiona: a certeza de sucesso não estimula ninguém a acordar cedo e arregaçar as mangas.

E não é que deu certo? Quando você tem confiança no que faz, os que estão ao seu redor percebem a segurança e depositam as fichas no seu trabalho. Assim foi fluindo.

Aquela vontade de me recriar e aprender coisas novas que eu sentia falta lá no início começou a encher os meus dias de uma energia que há muito tempo eu não sentia mais. Era isso. Que alívio nos reencontrar! Será que alguém mais, lendo até aqui, se identifica com esse processo? A maior viagem da minha vida tinha começado.

Quando as pessoas acreditam em você

Quem é casado, vai se identificar. Quando casamos, no dia da cerimônia, entrando na igreja, olhamos os convidados e pensamos "olha, ele veio", "ela veio", "ele também". Quando se inicia qualquer negócio, de início a sensação é a mesma: você vê que as pessoas compareçam e acreditam no que você faz. Quando se torna um ciclo positivo e começamos a ser lembrados e indicados, temos a certeza de que estamos realmente no caminho certo. Prospectar clientes e desenvolver parcerias é como se conectar a um mundo que antes você não via e agora começa a descobrir: há tantas pessoas com os mesmos objetivos e sonhos! Cada um com seu negócio e forma própria de administrar.

Se você pode sonhar, você pode realizar.
WALT DISNEY

Referência não só no Turismo, Walt Disney é lembrado como percursor da arte de atender com maestria e realizar sonhos.
Vou contar uma das viagens mais incríveis que tive a alegria de realizar:
Conheci duas mulheres, mãe e filha. Um sonho: nada menos do que conhecer a Europa! O fator até então limitante – o orçamento financeiro – havia impedido que elas viajassem até aquele momento. Foi quando surgiu a oportunidade ímpar: a filha se desligou da empresa após anos de trabalho. Eis a dúvida: investir nas obras da casa onde moravam ou fazer a tão sonhada viagem à Europa? Adivinhem... A opção foi agarrar a oportunidade de realizar a tão sonhada viagem, antes que ela escapasse. A casa certamente teria outras chances.
Quantos outros sonhos mais foram realizados. Aquela primeira viagem de avião. A lua de mel naquele destino dos sonhos. A opção de viajar à Disney com as economias que inicialmente eram para trocar de carro. Sonhos!

Quando o time recebe fortes reforços

Fiz questão de classificar como *forte*.
Com investimento financeiro de novo membro na equipe e alta dose de confiança, ao final de 2019 veio a proposta. E o trabalho, que até então fluía no modelo *home office*, alçou novos vôos.
Agora eu tinha um sócio, o melhor que qualquer empreendedor pode ter, com uma garra enorme e poder de visão de crescimento do negócio. Também tínhamos um espaço físico após anos de trabalho remoto e todas as possibilidades que isso podia

nos trazer: a prospecção, a visibilidade... Assim, o início de ano, fevereiro de 2020, já começava como o mais promissor, cheio de planos e muito trabalho!

A volta ao mundo: o dia em que a terra parou

De início, parecia filme de terror: fronteiras fechadas, inicialmente as do Mercosul. Depois países da Europa e, então, Estados Unidos. Status dos voos: cancelados. Muitos voos cancelados. Hotéis fechados por determinação legal. Tudo isso com a recomendação imediata: fique em casa! Na verdade, sim, é um filme de terror – e baseado em fatos reais.

Começa aqui uma temporada insana de cancelamentos e remarcações de viagens, junto à campanha massiva de "Não cancele, adie sua viagem". Afinal, o cancelamento das viagens geram reembolsos. Imagine a quebradeira das empresas por ter que devolver, ao mesmo tempo, todas as viagens canceladas. Utilizar o crédito das viagens em próximas viagens era a melhor alternativa, tanto para as agências e operadoras quanto para o viajante, porque adiar certamente é muito menos frustrante do que cancelar uma viagem que foi sonhada, planejada e agendada com tanto esmero.

Afinal, qual é o seu tempo de reação após o choque?

Fevereiro de 2020: novo desafio da agência de viagens com a loja física.

Março de 2020: publicado o Decreto Oficial que fechou todo o comércio em São Bernardo do Campo.

Qual o seu tempo de reação após o choque?

Nesses momentos, precisamos recorrer à dose de resiliência, que nós, empreendedores, se não temos, aprendemos a ter conforme os períodos de chacoalhão a que somos submetidos. É fato, não só de flores vivem os negócios e isso se estende para todos os aspectos de nossa vida, se pensarmos bem. Pensem que chato seria se fosse isso, só flores.

Se é na adversidade que crescemos, vamos em frente.

Com a determinação do Decreto, o que fazer senão voltar ao on-line. Como tantos outros brasileiros, milhões de pessoas se adaptando no formato *home office*. Não nos alegrava saber que não era só conosco, mas nos fortalecia porque, ao mesmo tempo, uma grande rede de compartilhamento de experiências entre as agências de viagem estava se formando. Não resolvia as nossas dores, mas ser solidário nos torna potencialmente capazes e mais fortes só de saber que não estamos sós.

3, 2, 1, já! Todos para o marketing digital!

Estava aberta a temporada de aprendizado. Quem já dominava as ferramentas de marketing digital, saiu na frente. Quem não dominava, correu para que o fizesse. Esse foi o meio poderoso de manter vivo todos os negócios, enquanto o mundo decretou a mais famosa das *hashtag* de todos os tempos: #fiqueemcasa.

No turismo, me deparei com a união de um grupo de mais de 240 agências de viagem do brasil inteiro. Daí, surgiram dicas de cursos on-line, dicas também daquelas de um milhão de dólares que jamais seriam compartilhadas, não fosse todo o cenário que nos uniu.

Reformular o negócio, revisitar nosso propósito, revisar modelos de propostas, repensar 360 graus em nossas empresas. Quem não fez isso, não pôde participar da retomada, porque simplesmente não dá para voltar do mesmo jeito para um cenário que não é o mesmo de meses atrás. É um cenário completamente diferente e, se permanecermos do mesmo jeito que antes, não conseguiremos acompanhá-lo e estaremos fora, como se diz no popular. Simples assim.

Como todos estavam em casa, dando um jeito de redescobrir os seus negócios no novo modelo, começou uma chuva de informações, em proporção nunca visto antes. *Lives* aos milhões, cursos on-line a ponto de ficar difícil a escolha entre tantos. Fiz um curso excepcional a baixíssimo custo, que a princípio chamou ao marketing digital, mas caminhou revendo todos os pontos cruciais de planejamento e revisão do negócio. O mais especial de tudo é que foi totalmente voltado ao Turismo, por isso eu afirmo que ele mudou todo o rumo da nossa empresa.

Tivemos sucessivos meses de resultados financeiros ínfimos e uma fase de muito estudo, reformulação e reafirmação de propósito. Por fim, afirmo que hoje a bagagem de conhecimento, aprendizado sobre o que fazer e o que não fazer são muito mais ricas. A maior viagem da minha vida segue firme, após todo o período de turbulência. Hoje eu sei: vivi a afirmação de que o percurso de qualquer viagem deve ser bem aproveitado, pois ele pode ser mais rico do que a própria chegada.

27

O PODER DA COMPETIÇÃO

Quando falamos de mentalidade, sempre pensamos em positividade. E de certa maneira, devemos olhar o copo cheio e navegar no melhor cenário. Mas, na prática, vemos que a vida não é dessa forma e ao longo do século XXI, em meio às facilidades da modernidade, ficamos anestesiados e perdemos o instinto básico de sobrevivência que está ligado à competição e à superação. Foi dessa forma que evoluímos e chegamos até aqui, porém, esta geração tem se lançado pouco aos riscos em prol da segurança, do prazer imediato, não vislumbrando a grandiosidade do futuro desconhecido pelo medo de se frustrar. Este capítulo tem como objetivo provocar no leitor uma reflexão sobre o estado atual e levá-lo a ansiar pela construção de algo novo por meio da ambição.

OBERDAN SIQUEIRA

Oberdan Siqueira

Sou administrador de empresas, tenho pós-graduação em gestão estratégica de negócios, especialização em recursos humanos e em *coaching* (executivo, negócios e vendas). Sou apaixonado por gestão e empreendedorismo. Nas últimas duas décadas, atuei em diversos mercados, criando uma visão multidisciplinar que colaborou muito para minha formação como gestor nestes 22 anos de carreira. Como consultor, me especializei em cenários complexos e muitas vezes caóticos, fazendo reestruturações, desenvolvendo negócios e mercados e até promovendo fusões e aquisições de concorrentes. Gerar resultados não é fácil. Você trabalha com as adversidades da economia, concorrência, equipes mal treinadas, expectativas das pessoas – uma infinidade de variáveis que, se não forem bem administradas, levará qualquer projeto ao fracasso total. Por isso, prezo pelo resultado: ele fala por si.

Contatos
os@osen.com.br
Instagram: @oberdansiqueira
19 99122 8252

O ano de 2020 mostrou que não importa em qual nível estão os seus planos: no final, estamos reféns de situações alheias à nossa vontade. Foi o ano que nos mostrou o quanto somos frágeis. Por mais que tenhamos um bom planejamento, situações adversas podem acontecer e nos atingir. Em virtude disso, é preciso ter uma mentalidade de longo prazo e, acima de tudo, estar atento aos sinais de alerta, que serão cada vez mais frequentes, tendo em vista o grau de imprevisibilidade do cenário em que vivemos. O mundo parou por alguns meses. Mesmo assim, devemos encontrar motivação e oportunidades em qualquer situação que nos apareça. Como o grande Nizan Guanaes disse na época que o presidente Collor confiscou as poupanças, deixando muitos brasileiros em frangalhos: "Enquanto uns choram, eu vendo lenços". É sobre isso que quero tratar neste capítulo.

A motivação do empreendedor deve ser em realizar, em construir. Não importa o quê, ou como – este desejo deve imperar em sua mentalidade. Veja a história de qualquer empreendedor raiz. Abro um parênteses para explicar que um empreendedor raiz é aquele que realmente quer construir um negócio, ou vários – trabalha de forma incansável, por muitas horas, renunciando a momentos presentes, como festas, por visar à construção de um futuro melhor no longo prazo. Nada tem a ver com empreendedores de palco que dão dicas diárias em suas redes sociais em beiras de piscinas, saguões de aeroportos ou dentro de carros importados (algumas vezes alugados), buscando vender uma imagem rasa de sucesso. Empreendedor que preza pelo seu dinheiro só comprará um carro de luxo quando seu negócio realmente estiver consolidado, pois ele dá valor ao dinheiro que fez ao longo do tempo. A grande verdade é que: quem ostenta, assim o faz porque não tem tanta "bala na agulha" assim.

Esse tipo de mentalidade tem feito cada vez mais perdedores no mercado. Negociadores de araque, que não levam a sério seu negócio e só pensam no sucesso presente, sem pavimentá-lo em longo prazo. Se balizam em pessoas que não construíram nada e que possuem apenas uma boa retórica.

Nesse sentido, optei por analisar com você um discurso notório de Gordon Gekko, personagem do filme *Wallstreet*: Poder e Cobiça (1987), dirigido por Oliver Stone e interpretado pelo fantástico Michael Douglas, que inclusive venceu o Oscar de melhor ator. Gordon Gekko é um especulador do mercado financeiro que tem uma ética muito questionável, pois o seu modo de operar baseia-se na obtenção de informações privilegiadas, a fim de gerar mais lucros, o que caracteriza um crime nos EUA e no Brasil. Deixo claro que sou radicalmente contra qualquer tipo de desonestidade, mas aqui devemos analisar apenas aquilo que irá nos ajudar em nossa jornada pessoal.

Na assembleia anual de acionistas da empresa Teldar Papers, Gekko está presente e precisa justificar perante aos acionistas a sua manobra para adquirir o controle da empresa de forma agressiva.

— Bem, eu aprecio a oportunidade que você está me dando, Sr. Cromwell – presidente da Teldar Papers, opositor de Gekko –, como o maior acionista da Teldar Paper, de falar. Bem, senhoras e senhores, nós não estamos aqui para sermos indulgentes com a fantasia, mas com a realidade política e econômica. A América... A América se tornou uma potência de segunda classe. Seu déficit fiscal e comercial são um pesadelo de proporções gigantescas. Mas nos dias de livre mercado, quando nosso país era a principal potência industrial, havia prestação de contas para o acionista. Os Carnegies, os Mellons, os homens que construíram este grande império industrial, garantiram isso porque era o dinheiro deles que estava em jogo. Hoje, a administração não é proprietária da companhia! Todos estes homens que estão sentados aí em cima possuem menos de 3% da empresa. E onde o Sr. Cromwell investe seu salário de um milhão de dólares? Não é nas ações da Teldar: ele possui menos de 1% delas. Vocês possuem a empresa. É verdade — vocês, os acionistas. E vocês estão sendo enganados por eles, esses burocratas, que almoçam filé, viajam para caçar e pescar, têm jatos corporativos e paraquedas dourados.

— Isso é um ultraje! Sr. Gekko, você saiu de linha!

— A Teldar Papers, Sr. Cromwell, a Teldar Papers tem 33 vice-presidentes diferentes, cada um ganhando mais de 200.000 dólares por ano. Agora, eu passei os últimos 2 meses analisando o que esses caras fazem, e até agora não descobri. Uma coisa que eu sei é que nossa empresa de papel perdeu 110 milhões de dólares no ano passado, e eu aposto que metade disso foi gasto com a papelada que vai e volta entre todos esses vice-presidentes. A nova lei da evolução da América corporativa parece ser a sobrevivência do mais fraco. Bem, no meu livro ou você faz certo ou você é eliminado. Nas últimas 7 transações em que estive envolvido, havia 2.5 milhões de acionistas que tiveram um lucro antes dos impostos de 12 bilhões de dólares. Obrigado. Eu não sou um destruidor de empresas. Eu sou um libertador delas! A questão é, senhoras e senhores, que a ganância — na falta de uma palavra melhor — é boa. Ter ganância é certo. Ter ganância funciona. A ganância esclarece, separa e captura a essência do espírito evolucionário. A ganância, em todas as suas formas — ganância pela vida, pelo dinheiro, pelo amor, pelo conhecimento — marcou a evolução da humanidade. E a ganância — lembrem-se de minhas palavras — irá salvar não apenas a Teldar Papers, mas aquela outra empresa chamada Estados Unidos da América. Obrigado.

Poderoso, não?

Ressalto novamente a ética questionável do personagem que vai preso no final do filme, acusado de informação privilegiada por outra operação (desculpe pelo *spoiler*), mas podemos dizer que, em sua mentalidade de empreendedor, o discurso não está errado.

Toda empresa é construída para crescer, prosperar e dar lucro. Portanto, os negócios crescem pela vontade de competir e vencer. Em minhas consultorias, atendi diversas empresas em situações difíceis e complicadas e, não por acaso, notei que todas tinham um padrão similar, que exigia mudanças como as que elencarei a seguir.

Vontade de competir e vencer

A competição é o que faz qualquer indivíduo evoluir. E como renunciar?

Simples, o indivíduo cairá na armadilha da vaidade. Isso acontece quando o empreendedor chama a si memso de "empresário". Veja, empresário é todo aquele que possui um CNPJ e nada mais. Mesmo assim, ele se vê em uma posição de sucesso que, muitas vezes, ainda não atingiu.

Enxergar-se como um empresário fará com que ele comece um ciclo de autossabotagem, negligenciando atividades que antes eram normais e que agora, sob o ponto de vista dele, têm menos valor para o seu papel da instituição. Em geral, esse ciclo é tríplice:

- **Vendas:** o empresário acha que já fez muito ao longo dos anos e, portanto, merece descanso, deixando isso a cargo do time de vendas e esquece de monitorar indicadores.
- **Pós-Vendas:** não se importa mais em gerar relacionamento com os clientes e quando há insatisfações, prefere que o time de vendas resolva, pois não quer dor de cabeça.
- **Financeiro:** quer ter a vida que sempre sonhou, muitas vezes sacrificando o capital da empresa em prol das suas necessidades de ostentação.

Empresários tendem a querer apenas gerenciar. Não querem desbravar mercados. O problema de terceirizar as atividades estratégicas é saber se o encarregado tem ou não a competência necessária, a maturidade e a motivação. Ou pior, ter medo de que ele se torne um concorrente, levando os clientes consigo. Além disso, gestores que ficam na mão da equipe tornam-se leões sem dentes e sem garras e dependem dos mais jovens (equipe) para se alimentar, pois perderam o instinto de sobrevivência.

Gekko se porta como um leão desafiando o rei da alcateia para um desafio de vida ou morte. Um verdadeiro competidor entende o que quer e busca oportunidades em todos os lugares por onde passa. Ele sabe que a competição faz parte de qualquer negócio e não se dá por vencido – não gostando de perder nem no par ou ímpar. Muito embora perder faça parte do processo da vitória.

A mentalidade focada em competição é um estilo de vida que te obriga a fazer movimentos conscientes e não aleatórios. Uma roda viva de desafios que quem não encara é eliminado no primeiro obstáculo.

Contrate gente boa

Outro erro comum nas organizações ocorre na contratação. Empresas não entendem que o processo de contratação deve ser estratégico. Ora, se eu quero construir um negócio competitivo, eu tenho que contratar pessoas com esse perfil. Mas o que se vê são colaboradores que fazem apenas o básico e, muitas vezes, malfeito, não se importando com os resultados, mas sim com o salário no final do mês – esse tipo de colaborador não deve ser contratado e, se for, não deve passar do período de experiência.

Montar um time que não esteja alinhado com os objetivos da empresa e que não tenha visão de resultados é fracasso na certa. O dono do negócio deve estimular a competição entre as equipes e premiá-los pelos resultados, mantendo assim o bom e eliminando os mais fracos, depois de tentar desenvolvê-los dentro de um período específico.

O ruim nunca deve ser valorizado e o bom deve ser exaltado, uma vez que o nosso valor está exatamente no resultado que entregamos. Por isso, o gestor deve se atentar ao nível de comprometimento e entrega dos seus próprios resultados, pois certamente ele será imitado pelos demais.

No filme *Wallstreet: poder e cobiça*, Gekko é muito bem assessorado, seja por colaboradores ou por terceiros. Quem orbita em sua volta, possui a mesma mentalidade de vencedor e os mesmos objetivos e, por consequência, a mesma mentalidade. Inclusive, o imitam na forma de falar e de se vestir.

Ninguém tem um grande resultado sozinho. Por causa disso, construir uma equipe matadora e focada em resultados é fundamental. Não seja complacente com o *mimimi* de quem não têm resultados.

Construa um legado

Legado é o que deixamos e como seremos lembrados. Muitos não se preocupam com isso, mas deveriam, pois todos estamos construindo uma história. Note que tudo o que usufruímos hoje é porque alguém criou antes de nós: inventando, lutando, desbravando, construindo... Foram os empreendedores que nos trouxeram até aqui. Homens e mulheres que possuíam uma mentalidade forte e que desejavam deixar um legado através do seu trabalho.

Alguém teve de:

- Dominar o fogo para cozinhar e se aquecer;
- Migrar em busca de alimento e condições melhores de clima;
- Analisar a natureza e começar a plantar, dominando os animais ao criar rebanhos, para que assim deixássemos de ser nômades;
- Possuir curiosidade em saber o que tinha do outro lado do mar, dando início às navegações, nos levando para uma era de explorações e descobrimentos;
- Criar as rotas de comércio, unificando os continentes e suas riquezas;
- Inventar máquinas e equipamentos que culminaram na Revolução Industrial e no desenvolvimento de novas tecnologias.

O legado é construído, com muito esforço, fracasso, repetição, resiliência... É possível, inclusive, que o resultado venha apenas depois de nossa morte. Gekko se vê como um libertador de empresas. Alguém que compra empresas, melhora, vende e posteriormente lucra. Ele busca o resultado. Segue uma metodologia. Entende o seu papel no mundo e, dessa forma, luta por seus objetivos. Ele possui um propósito de vida...

Propósito

Proposito é aquilo que você sente que nasceu para fazer. Ele é imutável, não negociável e vai acontecer de uma forma ou de outra, através do seu trabalho. Torna-se praticamente um sacerdócio. Pessoas que vivem mudando de propósito provavelmente nunca tiveram um.

Todos possuem um propósito de vida?

Em meu ponto de vista, não, pois poucos entendem o seu lugar no mundo.

Uma pessoa que possui um propósito entende o seu lugar no mundo, vive uma vida plena, pois sabe o que está fazendo, independentemente da situação atual. Plenitude de vida não se relaciona com prosperidade financeira, muito embora eu acredite que o propósito de vida sem dinheiro (remuneração) serve apenas para a vida religiosa monástica, pois, na vida, todos precisamos de dinheiro.

No discurso, Gekko deixa clara a sua convicção aos presentes, quando diz: *"Os Carnegies, os Mellons, os homens que construíram este grande império industrial garantiram isso porque era o dinheiro deles que estava em jogo"*. Ou seja, ele deixa claro em quem se espelha, e por isso ele está arriscando dinheiro.

O verdadeiro propósito de vida dele é enriquecer e fazer história, talvez como o maior especulador financeiro do mundo. A grande verdade é que o trabalho dele é fazer com que o dinheiro de seus clientes renda, e não se pode errar quando administra o dinheiro de terceiros. Por isso, se você empreende, entenda o seu papel no mundo e entenda qual é o seu legado.

Esse é o propósito que lhe fará lutar sempre para ser o melhor. É importante destacar que se você fizer tudo certo, ser disciplinado, diligente – é possível que não chegue ao tão sonhado reconhecimento, mas certamente estará mais próximo daqueles que acham que basta ter pensamento positivo que tudo dará certo. A vida é feita de muito suor, planejamento e movimentos certos.

Conclusão

Mire em um concorrente ou alguém que te ajude a melhorar como profissional e como ser humano. Espelhe-se em pessoas que são referências em suas áreas. Saia do raso, aprofunde-se cada vez mais na área de seu interesse e almeje ser o melhor.

Lute para vencer, não faça nada apenas por fazer, cumprir tabela ou para ver o que vai dar. Isso é perda de tempo. Pessoas com mentalidade forte não perdem tempo vendo se vai dar certo.

Saia da bolha do politicamente correto que têm anestesiado uma geração de profissionais, que prega contra a competição. Isso talvez tenha sido criado por alguém que nunca venceu e achou que era interessante nivelar todos por baixo.

Foi o instinto de sobrevivência que nos trouxe até aqui, e não o pensamento positivo e os gurus de autoajuda.

Por fim, a *"ganância, por falta de uma palavra melhor", nesse sentido, é boa.*

Não a ganância corrupta, mas sim a ganância produtiva.

Que a vontade de competir e vencer seja o seu novo normal.

28

O NOVO NORMAL DA EDUCAÇÃO

Neste capítulo, pretendo partilhar a experiência de empreender no ramo de educação diante da pandemia de covid-19. Em todo o mundo, mas principalmente no Brasil, o setor de educação – tanto pública, quanto privada – sofreu uma ruptura não somente nos métodos, mas também econômica. Como tentar vencer em meio ao novo normal? É o que quero compartilhar.

RACHEL CAMARA RODRIGUES DE MELO

Rachel Camara Rodrigues de Melo

Casada com Mateus, mãe de Aninha e Mateuzinho. Graduada em Psicologia pela UNESA (2006), com pós-graduação em Psicopedagogia (FAEL – Faculdade Educacional da Lapa), Neuropsicopedagogia e Psicomotricidade pela Faculdade ÚNICA. Especialização em Competências Profissionais, Emocionais e Tecnológicas para tempos de mudança pela PUC/RS, entre outros. Especialista em Educação e com diversos cursos de qualificação. *Coach* pelo Instituto Brasileiro de Coaching (IBC Coaching) e pelo Instituto Polozi Treinamentos. Formada em Constelação Familiar pela Escola de Heróis Treinamentos. Especialista em Psicanálise e Desenvolvimento Humano pela ABED. Fundadora da Casinha da Nietta Ltda. uma escola essencialmente humanizada. Seu diferencial é ser educadora em tempo integral e ser uma apaixonada pelo desenvolvimento infantil.

Contatos
www.casinhadanietta.com.br
rachelcamar@gmail.com
casinhahostel@gmail.com
Facebook: rachel.camara.56
24 99291 4841

De acordo com os dados da BBC News Brasil, a população mundial soma quase 7,8 bilhões de pessoas. Em 31 de março de 2021, foram registradas 11.769 mortes por covid-19 em todo o planeta. Esta mesma fonte contabiliza que o Brasil, com 212 milhões de habitantes, representando 2,7% do total da população, somou em 31 de março de 2021, 3.869 pessoas mortas por covid-19. Não sabemos quando teremos novamente um momento como este – a única certeza é que esses números são inesquecíveis. Até 4 de abril de 2021, foram 42.847 mortes, uma média de 27.904 em sete dias, segundo Our World In Data. Diante destes números, como esquecer? Como não ser afetado emocional e financeiramente?

Na educação, os números são ainda mais assustadores: de acordo com a Organização das Nações Unidas para a Educação, Ciência e Cultura (Unesco), metade dos estudantes do mundo – mais de 850 milhões de crianças e adolescentes – tiveram suas aulas suspensas devido à pandemia do novo coronavírus. Com o fechamento total ou parcial de escolas e universidades em mais de cem países, o número de estudantes sem aulas dobrou em quatro dias e esse número continuou aumentando.

No Brasil, estima-se que 30% a 50% das pequenas e médias escolas particulares no Brasil podem fechar em 2020 e 2021. Uma das razões é o fato de 95% das instituições já terem casos de cancelamento de matrículas. A União pelas Escolas Particulares de Pequeno e Médio Porte pesquisou os donos de mais de 400 escolas particulares de 83 cidades no Brasil. A pesquisa acusa o impacto financeiro percebido intensamente em creches e escolas de educação infantil, em que há maior dificuldade ou impossibilidade de implementação do ensino remoto, causando redução significativa de receitas já nos primeiros meses de pandemia. Consequentemente, boa parte dessas instituições estão sob o risco de fecharem as portas ainda neste período.

Nossa realidade está aqui representada. A Casinha da Nietta Ltda. fundada em 4 de fevereiro de 2017, cresceu mais de 100% em número de alunos anualmente, passando de 5 alunos no dia de sua inauguração a 120 em dois anos, tornando necessária a criação de uma segunda unidade em 2020. Focamos em construir uma escola junto com a comunidade, fundamentada em educação humanizada, voltada para a realidade da cidade e com práticas multidisciplinares.

O projeto que desde sempre apontou sucesso, foi abraçado pela comunidade local e contou com muitos parceiros para seu crescimento. Profissionais das áreas de educação e saúde faziam parte de uma estrutura que contava com técnico de enfermagem, nutricionista e fisioterapeuta para acompanhamento e desenvolvimento dos alunos nas mais diversas atividades. Novidades como música e arteterapia também faziam parte das atividades extracurriculares, o que tornava a grade de atividades da "creche-escola" algo totalmente diferenciado.

Todavia, a pandemia não nos poupou. A redução drástica de alunos em 90 dias nos obrigou a acordos e demissões, além da perda de alunos. Sessenta e oito por cento da receita da escola vinha da educação infantil, setor mais afetado no momento. Profissionais de educação foram desligados, e perdas foram somadas, além do cancelamento de matrículas.

Uma nuvem de desesperança, dor e medo pairou sobre nós e, diariamente, observamos os horizontes mudarem. Foram várias tentativas para mobilizar clientes e tentar oxigenar nosso caixa, incluindo cozinhar feijoada, bolos e pães, até parcerias com empresários locais em troca de repasses sobre as vendas nas quais que fazíamos *marketing*. Frustração era o retorno que tínhamos, pois o cenário era de escassez. Dados diários de infectados e mortos, números de empresas e demissões eram as manchetes na TV, além do bombardeio diário de postagens sobre isso nas redes sociais nos impactavam de tal forma que era impossível não se sentir abatido.

Somente um *mindset* de crescimento poderia fazer surgir novas possibilidades de empreender. Extensas reuniões de equipe, vontade de reaver clientes e tentar aproveitar o ideal de cuidar de forma humanizada nos fizeram pensar e não desistir de perseverar.

Pesquisas sobre métodos de prestação de serviço de cuidados e uma análise precisa de como poderíamos mudar e nos manter, mesmo que a pandemia se mantivesse, foram as bases do projeto.

O que nos chamou atenção foram os setores de turismo e hotelaria conseguirem transformar sua prestação de serviço, bem como seus ambientes, dentro dos protocolos, retomando o trabalho. Esse foi o grande sinal que tivemos para o *Projeto Casinha Hostel*.

Você pode estar se perguntando: o que é *Hostel*? Os *hostels* ou albergues são lugares com hospedagens econômicas, com quartos compartilhados ou privados. *Hostels* costumam ter uma boa localização, ambiente descontraído, café da manhã e Internet grátis.

Para quem tem como prioridade a economia, a procura principal deve ser pelos quartos compartilhados – isso significa dividir o quarto com desconhecidos, assim como o banheiro. Sobre as acomodações, estas podem ser divididas em quartos femininos, masculinos ou mistos.

Unimos a ideia humanizada da Casinha da Nietta, com a forma de prestar serviço de *Hostel*, pois a prioridade deste tipo de alojamento inclui a interação dos hóspedes, algo que a educação infantil tanto presa. É sabido que a criança precisa de pares para desenvolvimento, então, o *hostel* cumpriria em parte essa necessidade.

Fizemos inúmeras reuniões para discutir e idealizar o projeto, até que conseguimos. Dividimos o projeto com sua rotina diária, as temporadas que duram, em média, 90 dias e oficinas criativas para interação, entretenimento e desenvolvimento dos pequenos hóspedes.

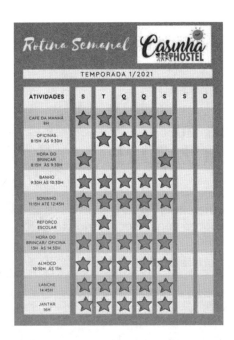

Temporada 1:

Temporada 2:

O serviço de hotelaria e alojamento exclui a obrigatoriedade de férias, o que dá aos familiares mais segurança para trabalhar e realizar as atividades.

Temporada 3:

Temporada 4:

Abrimos a empresa em agosto de 2020, começamos a receber os hóspedes em outubro de 2020 e até hoje, maio de 2021, temos 34 hóspedes fixos, faturamento crescendo e mais adeptos do nosso serviço surgindo. Diante disso, é evidente que a pressão sempre será capaz de produzir os melhores diamantes.

Referências

FRANCE PRESSE *Unesco: metade dos estudantes do mundo sem aulas por conta da covid-19*. G1 Educação, 2021. Disponível em: <https://g1.globo.com/educacao/noticia/2020/03/18/unesco-metade-dos-estudantes-do-mundo-sem-aulas-por-conta-da-covid-19.ghtml>. Acesso em: 2 de jun. de 2021.

MAGENTE, M. *Um terço das mortes no mundo: 3 gráficos fundamentais para entender a pandemia no Brasil*. Disponível em: <https://www.bbc.com/portuguese/brasil-56607007>. Acesso em: 2 jun. de 2021.

PANZERA, C. Como é ficar em um hostel – um guia com as vantagens e desvantagens dos albergues no mundo todo. *Melhores Destinos*, 2021. Disponível em: <https://www.melhoresdestinos.com.br/como-e-ficar-em-um-hostel-um-guia-com-as-vantagens-e-desvantagens-dos-albergues-no-mundo-todo.html>. Acesso em: 2 jun. de 2021.

REVISTA EDUCAÇÃO. *Metade das pequenas e médias escolas estão em risco de falência*. Disponível em: <https://revistaeducacao.com.br/2020/06/13/escolas-falencia/>. Acesso em: 2 jun. de 2021.

29

RELACIONAMENTO AFETIVO EM ÉPOCA DE ISOLAMENTO

A relação paradoxal vivida entre a liberdade e o aprisionamento do ser humano, experienciada em época de isolamento social, trouxe uma série de questões diante do cenário apresentado. A vinda do covid-19 fez todos se adaptarem a um "novo normal", criando assim um cenário de ameaças à individualidade e, ao mesmo tempo, o início de uma luta interna.
Boa Leitura!

REGINA BRAGHITTONI

Regina Braghittoni

Psicanalista e professora há 27 anos. Atuante no ensino médio, na graduação e na pós-graduação nas áreas de Psicologia Cognitiva Comportamental e Psicanálise Clínica. Leciona sobre Jacques Lacan e Freud nos cursos de Pedagogia, Gestão de RH, Gestão de Qualidade, Administração e Engenharia da Computação, com as disciplinas Gestão de Pessoa, Psicologia Aplicada a Gestão de Pessoas, Distúrbios dos processos de aprendizagem (TDHA), Educação Inclusiva, Educação Corporativa, Recrutamento e Seleção, Clima e Pesquisa Organizacional e Ética e Responsabilidade Social. Experiência na área de Psicologia Organizacional, com ênfase em Recursos Humanos, Psicologia da Educação. Atuante na área educacional, com formação em Letras, pós-graduada em Psicopedagogia, Psicologia Organizacional, Psicanálise Clínica. Mestre em Psicologia da Educação (UNIMarco). Autora do livro *Educação corporativa e capital intelectual* (2013). Atuante como *coach* e consultora nas áreas de T&D e Educação corporativa, em diversas empresa nacionais. Palestrante na área de Psicanálise Clínica com foco em Hipnose e Regressão.

Contatos
Instagram: @reginabraghittoni.psicanalista
11 96303 2838

Quando se fala de relacionamento afetivo, é possível pensar em uma relação que envolva cumplicidade, amizade, afeto, dedicação, comunicação, entre outros, porém muitas vezes isso não acontece. A convivência pode afetar na saúde mental daqueles que passaram a ficar mais tempo em casa. Com a necessidade do isolamento social, essa convivência acaba por gerar conflito. Pode-se afirmar que a saúde mental e física da população do planeta foi afetada em seus mundos contemporâneos, ou seja, o isolamento fez com que muitos se sentissem irritados, fadigados, sem controle ou presos em suas próprias casas e, muitas vezes, essa "prisão" está em nosso inconsciente, associada aos nossos fantasmas individuais e angústias. É possível afirmar que as crianças também foram afetadas em seu desenvolvimento psicológico por se tratarem de população vulnerável, principalmente em seu meio escolar. O indivíduo não foi feito para viver isolado, nossa origem está intrinsecamente ligada à capacidade de socialização: precisamos de outros seres para a comunicação, crescimento, compreensão de regras e contato com outras culturas. Como afirma Yalom (1996, p. 10):

> O isolamento existencial, um terceiro dado, refere-se à lacuna intransponível entre o eu e os outros, uma lacuna que existe mesmo na presença de relacionamentos interpessoais profundamente gratificantes. Estamos isolados não apenas dos outros seres, mas, na extensão em que constituímos nosso mundo, também do mundo.

Podemos afirmar que tal modo de vida afeta as relações interpressoais, gerando novas formas de circulação dos afetos, ou seja, sentimentos somem e afetos inauditos aparecem. Por conta desse afastamento, os indivíduos tendem a ficar sensivelmente afetados pela quebra dos vínculos sociais. Merleau-Ponty (2006) afirma que os desdobramentos que ocasionam a pandemia não se fazem sem que haja uma reelaboração dos sentidos que as pessoas vivenciam corporalmente.

A nova definição sobre solidão pode ser uma das condições, ou seja, um dado da existência, que torna-se inevitável como as demais: a ausência de significado, a liberdade, morte ou sentido óbvio para a vida.

É possível afirmar que a pandemia do novo coronavírus trouxe transparência para as relações que antes eram mantidas apenas pela aparência, pela tolerância. Quando casais encontravam problemas, se refugiavam nas saídas e distrações do mundo como bares, jogos e demais entretenimentos. Com essa limitação, as pessoas foram obrigadas a ficarem próximas, sem que houvesse uma forma de "respirar" e poder fugir de uma situação conflituosa.

De acordo com a *Revista Veja*, diante dos fatos relacionados à pandemia, é possível afirmar que os relacionamentos afetivos, como o casamento, começaram a fraquejar, pois o número de divórcios aumentou durante o ano de 2020. Alguns fatores podem contribuir para esse fato, como a falta de comunicação entre os casais, que causa grandes impactos negativos, pois as pessoas estão habituadas a viver em seu próprio mundo. Deixam de se relacionar, mantendo o silêncio que, muitas vezes, evidencia uma nova perspectiva vista pelo lado do casal, talvez uma visão negativista em que o indivíduo sente dificuldade de se expressar, de manifestar suas angústias, tornando o ser humano isolado de um todo, e muitas vezes com uma sensação de não dizer nada, com medo de ser julgado ou incompreendido em sua totalidade.

É possível evidenciar que, após a ocorrência da pandemia, os casamentos mantidos por aparência começaram a se dissolver, pois a intolerância e a perda da capacidade de comunicação fizeram com que muita gente notasse o que estava à sua volta, culminando na separação. O efeito da pandemia trouxe impactos negativos no quesito financeiro de muitas famílias, o que resultou no desemprego e, consequentemente, no desentendimento dos casais, que antes se toleravam e, na atualidade, deixaram de se respeitar e conviver pacificamente.

Os casamentos tendem ao fracasso pelas duas pessoas possuírem sonhos incompatíveis e objetivos de vida distintos: ambos buscam coisas que jamais entrarão em consonância entre si. Essas relações afetivas fazem com que o sujeito crie uma capa e se isole a fim de não entrar no conflito. Podemos discernir também a diferença entre os sentimentos feminino e masculino: quando se trata de relacionamento, são dois mundos vistos de forma diferente, com perspectivas diferentes. Brito (2007) relata que os filhos podem, por vezes, exigir demais dos pais. Não havendo um acordo dentro da família para a distribuição das responsabilidades, podem ser gerados desgastes físicos e emocionais, podendo gerar brigas e discussões intermináveis.

Os filhos exigem muito tempo dos pais, reivindicam uma atenção muito maior por uma das partes. O casamento e a proporção da união entre duas pessoas que têm como objetivo dividir felicidade, constituir família e trocar experiências (nem todos os casais pensam em ter filhos), porém quando se trata da educação do filhos, a participação dos pais é de extrema importância, o que de certa forma provoca angústia e insegurança. Os questionamentos em relação à educação podem gerar incerteza e a falta de habilidade para chegar a um consenso faz com que cada um tome uma atitude diferente em relação ao comportamento apresentado pela criança. É muito importante estabelecer um acordo entre ambas as partes na educação dos filhos e, para isso, deve-se estabelecer um diálogo entre o casal, mesmo que durante esse processo de isolamento interfira na relação psíquica entre eles.

É possível dizer que, quando os casais não possuem objetivos em comum, tendem a não se relacionarem de modo adequado ou efetivo, gerando incompatibilidade de gênios, conflitos, brigas e desentendimentos em geral dentro casamento, até mesmo pelas coisas mínimas que ocorrem e que nem sempre precisam ser resolvidas de modo grosseiro e áspero.

Dividir o mesmo espaço também passou a ser uma guerra inconsciente dentro de casa. A casa se tornou escritório, sala de aula, restaurante. Anteriormente, era o lugar onde os casais se encontravam para compartilhar suas experiências do dia, conversar sobre seus conflitos, suas angústias – e, quando não se pode fazer isso devido à convivência diária, que por vezes pode ser sufocante, é possível que haja conflito. "Durante a quarentena, alguns Estados brasileiros chegaram a registrar recordes de pedido de divórcio", explica Clóvis Filho, redator do site "Minha Vida". A convivência diária deixou uma indagação sobre como muitos estavam levando suas vidas, em todos os aspectos. As redes sociais, de certa forma, também contribuíram para que as relações extraconjugais aumentassem, pois a procura por sites e aplicativos de relacionamento cresceu.

O casal que antes saía para trabalhar e agora precisa ficar em casa não tem mais aquele ambiente tranquilo, pois todo o espaço passou a ser direcionado ao trabalho remoto, causando grande impacto familiar. As crianças, que antes podiam ter acesso a certos lugares e no horário que desejavam, na atualidade precisam ficar reclusas, o que pode ser muito angustiante.

Cohen (2002) diz que casais que estão com monotonia no sexo, ou falta dele, acabam por distanciar-se e, o fato do isolamento social mantê-los debaixo do mesmo teto, impedindo a possibilidade de se relacionar com pessoas fora do casamento, acaba por fazer que haja brigas, ciúmes de telefonemas, uso de celular de modo restrito, o que acaba gerando discussões e dúvidas quanto à fidelidade de ambos, gerando incerteza. Isso implica, para a Psicanálise, o que Freud determina como narcisismo. As relações afetivas são constituídas como projeção do "eu"; dentro do conceito freudiano, o narcisismo não é nada ruim, desde que não sejam cometidos exageros. O narcisismo primário faz-se necessário para que o indivíduo compreenda a identificação do "eu", para que ele consiga se ver diante de um mundo inóspito e sem forma.

Esse processo é dado pela mãe que, através de seu corpo e fala, introduz a criança um mundo diferente, onde tudo para o bebê é estranho e novo. Quando essa etapa não é passada de forma saudável, o indivíduo vai para a fase adulta frágil, inseguro e, por sua vez, ciumento, transformando as relações afetivas em uma constante intriga. Por outro lado, o narcisismo exagerado, validado por mães e pais, (na fase de desenvolvimento psicossexual de Freud), pode se tornar patológico. Freud determina o ciúme em três esferas: normal, projetivo e delirante (patológico). Todos nós já sentimos ciúmes, o que é perfeitamente comum. Contudo, o isolamento social ressaltou ainda mais esse sentimento com a convivência.

Para Freud (1987), o ciúme normal é aquele em que o indivíduo perde o bem amado (objeto "a"). A pessoa amada passa a não ter mais olhos para ele e começa a surgir uma relação escópica de dentro para fora. Este ciúme gera a dor do luto. O sujeito compreende que não é mais o objeto de desejo do outro, o que lhe causa uma série de frustrações. Assim, o conceito fantasioso e narcísico que o indivíduo cria em que o outro não viverá sem a sua presença se deteriora quando ocorre exatamente o contrário.

O ciúmes projetivo é despertado no momento em que o sujeito que o sente projeta no outro sua infidelidade concreta, a dor de se trocado, de ser traído. A obsessão move o sujeito que investiga provas e tenta a todo custo se prover de situações que levam a crer em uma "suposta" traição, quando de fato ele mesmo quer ser infiel ao outro. Projeto no outro aquilo que é meu. Essa definição, muitas vezes, está dentro do campo do inconsciente. O sujeito age de determinada forma sem ao menos perceber o que o leva a tal atitude. Ainda em relação ao ciúmes, os casais que passaram a trabalhar de casa também começaram a fazer uso do aparelho celular e do computador com muita frequência, o que gera insegurança em seu cônjuge: uma das partes deseja saber, a todo momento, com quem o outro está falando, o que resulta na limitação de espaço e oportunidade para brigas e conflitos que poderiam ser evitados.

O outro tipo de ciúmes descrito por Freud é o ciúmes delirante ou paranoico. O indivíduo projeta no "outro" as relações afetivas homossexuais e tem como objetivo os impulsos reprimidos no inconsciente, em que o desejo de possuir e o sentimento de troca e rejeição estão relacionados não com o sujeito que pratica a infidelidade, mas sim com o indivíduo do mesmo sexo, o que para Freud caracteriza o ciúme delirante um famoso clássico da paranoia. Fenichel (1996, p. 485) esclarece:

> [...] o sujeito que, para manter seu equilíbrio psíquico, necessita da sensação narcisista de ser amado incondicionalmente, frequentemente é uma pessoa que está rechaçando inconscientemente suas tendências homossexuais. (FENICHEL, 1996, p. 485)

Diante desse conceito, podemos observar que o isolamento pode fazer com que os piores fantasmas inconscientes se aflorem, se despertem, tornando evidentes algumas características. No processo terapêutico, o analista tenta desconstruir alguns conceitos fantasiosos que emergem ao longo do período. Daí a importância de entrar em um processo terapêutico. A terapia pode auxiliar os casais a melhor se compreenderem nesse período, passar a respeitar os espaços entre eles, delegarem melhor suas atividades diárias dentro de casa, analisar o momento de trabalho e lazer no ambiente do lar.

Para Castro (2008), a família constituída com filhos de outros casamentos, em alguns casos, acaba sendo um trabalho árduo, pois a convivência com os antigos cônjuges pode gerar desconfianças dos parceiros que, por muitas vezes, não acabaram seus casamentos por falta de amor mas sim pelas brigas e falta de entendimento.

É possível dizer que a mudança que ocorreu na vida das pessoas de todo o planeta teve fortes impactos na vida cotidiana, de modo a afetar suas relações maritais por estarem 24 horas vivendo ao lado um do outro. Isso fez com que as aparências que sustentavam o casal, antes toleradas, deixassem de ser pelo fato de os casais notarem o que antes não conseguiam ver, ou seja, os vícios, a irritabilidade, o modo de pensar, aspectos potencializados pela necessidade de ficar dentro de casa o dia todo e não terem como sentir aquela saudade após um dia árduo de trabalho.

Feres-Carneiro (2003) afirma que a falta de liberdade dada entre os cônjuges faz com que os casais venham a enjoar-se de conviverem entre si, gerando grandes confusões internas dentro de casa, ocasionando situações de separação. Feres-Carneiro e Ziviani (2009) afirmam que a liberdade que é dada entre o casal pode não ser suficiente para atender às expectativas do outro e as prioridades que ambos elegem em relação aos seus anseios tende a fracassar, resultando no divórcio.

O fato de a relação marital ter sido uma escolha do casal não impede que a quarentena e a necessidade de conviver 24 horas por dia cansem a convivência sob o mesmo teto. Isso os priva do sentimento de saudade por terem ficado afastados.

O vício que as duas pessoas têm em suas próprias vidas é, por vezes, motivo para conflitos internos caseiros, da mesma forma que a falta de diálogo entre o casal ocasiona problemas grandes, pois uma conversa sincera e saudável poderia ajudar no entendimento dos pensamentos de cada um (GROENINGA, 2003; FERES-CARNEIRO, 1998).

Para Jablonski (2009), as dificuldades financeiras representam grande parte dos motivos para o término de relacionamento de anos ou meses, ou seja, independentemente do tempo de casamento que duas pessoas têm, o problema relativo ao dinheiro pode afetá-las de tal forma a ponto de não saberem lidar com o problema, destruindo a relação por completo, a qual poderia estar fragilizada por outras ocorrências. Hackner, Wagner e Grzybowski (2006) afirmam que a infidelidade é a principal causa das separações que ocorrem entre casais, uma vez que estes sentem ciúmes um do outro e, por algum motivo, os casamentos permanecem intactos, mesmo fragilizados, pelos filhos que tiveram no decorrer da vida, mas que mais tarde resultam no divórcio.

Para Freud (1930), os pais possuem responsabilidades com seus filhos, e nem sempre delegam a cada um o que deve ser falado aos filhos, sua tarefa na educação deles. Para as crianças, cria-se um ambiente confuso e, quando chega o divórcio, eles não sabem com quem ficar, pois não têm referência de nenhum dos pais.

Há casais que convivem durante anos sob o mesmo teto, mas que não se conhecem verdadeiramente. Vivem juntos, criam filhos, possuem amigos e familiares por perto, mas nunca conversaram sobre a relação e os seus anseios na vida, o que gera monotonia e desânimo de continuar casado por caírem na rotina. Sendo assim, buscam suprir aquele vazio dentro si, acreditando que a relação já está fracassada – o que acaba resultando na infidelidade e, posteriormente, o divórcio (VAINER, 1999).

Para Margolin (2001), alguns casais não convivem bem entre si, tendo atritos e confusões diárias que resultam na violência doméstica. O marido agride a esposa e vice-versa e, quando há agressões, significa que o respeito entre as duas pessoas foi embora e que o melhor a fazer é divorciarem-se.

O abraço, beijo e toques que antes eram tão necessários para os relacionamentos – especialmente aqui, na América Latina – adquiriram um aspecto negativo e até mesmo perigoso. A redução desses gestos fez com que pessoas ficassem afastadas umas das outras, gerando o isolamento social incentivado e obrigado pela Organização Mundial da Saúde (OMS). Para muitos, isso não foi nada bom, pois deixaram de fazer o que comumente praticavam. As festas, eventos corporativos, reuniões de família, sociais, e mesmo aniversários e casamentos foram cancelados. Como as convenções tiveram que ser realizadas pelo mundo virtual, muitas pessoas passaram a realizar festas e eventos em *lives* em seus *smartphones* e computadores, o que poderia reduzir os impactos trazidos pela pandemia, mas não reduziu os divórcios, separações de corpos, brigas e conflitos entre casais, pois os problemas estão debaixo do mesmo teto.

Porreca (2004), Silva (2001) e Viegas (2006) relatam que, quando há interferências externas, o casal acaba tendo mais brigas por não admitir que familiares do outro interfiram nas decisões do casal, ou seja, amigos, parentes ou pessoas próximas, quando se envolvem nos problemas, ao invés de ajudar, às vezes complicam ainda mais as coisas.

Para Wagner, Falcke e Meza (1997), a falta de compromisso entre o casal nos afazeres da casa e com os filhos podem representar grandes impactos negativos entre eles, pois ambos não conseguem delegar as responsabilidades e esperam um do outro que tenha atitude para ordenar ou manter em equilíbrio as necessidades do ambiente e da família.

Para os casais com filhos, é possível afirmar que as escolas passaram a conduzir os estudos através da internet, o que tornou os pais essenciais para esta etapa do aprendizado do filho, mas muitas vezes os pais não se lembram do conteúdo que o filho está vendo na escola. Negam-se a aceitar as próprias limitações, enquanto um transfere as responsabilidades para o outro, em um ciclo que não acaba. Iniciam-se os conflitos, acusações sobre as falhas que cada um possui por não poder ajudar o filho e o sentimento de fracasso ou impotência os tornam rebeldes e em posição defensiva.

De acordo com Coelho (2000), Gimeno (1999), Goldenberg (2000), Pereira (2003) e Jorge (2003), as opiniões diferentes entre os casais, valores morais e individuais, pessoas que não estão em sincronia entre si podem ser um forte indício para os casais, pois dificilmente eles se entenderão: brigam com frequência e disputam o espaço dentro de casa, além de se desrespeitarem.

De acordo com a *Revista Veja* de junho de 2020, os conflitos no matrimônio aumentaram mais de 450% após a chegada da covid-19, que resultou em medidas preventivas de isolamento social, fazendo com que as pessoas ficassem 24 horas convivendo entre si. Segundo Sérgio Vieira, advogado da empresa Âmbito Jurídico, o número de divórcios aumentou entre 60% e 70% com a pandemia e isolamento social, pois as pessoas passaram a conviver direto dentro das casas, o que contribuiu para o aumento de conflitos internos e a falta de sincronia entre os casais.

A vida social, para muitas pessoas, significa liberdade e, quando isso não ocorre, há incômodo, agitação e intolerância. Os pais de família que antes saíam para trabalhar, conviver com colegas e estar envolvidos com amigos, hoje foram privados disso. Embora esses encontros tenham sido realizados em meios virtuais, houve também a eclosão de problemas dentro de casa por ciúmes de seus cônjuges, que a cada tempo queriam saber com quem seus parceiros estavam ao telefone ou teclando pelo celular, resultando na falta de privacidade que antes podiam ter no ato de sair para o trabalho. Isso faz com que relação fique balançada, pois os egos, muitas vezes, tornam as pessoas mais irredutíveis e não preparadas para encarar os problemas com sabedoria.

Por outro lado, muitas pessoas perderam seus empregos, gerando sérios problemas financeiros dentro de casa, além de brigas e conflitos que antes passavam desapercebidos. O fato de haver falta de dinheiro, muitas vezes, ocasiona depressões e acusações em relação ao outro, o que torna as coisas mais difíceis, ainda mais quando o casal tem filhos e necessita de recursos financeiros para manter a família.

Este novo normal, muito citado nos dias de hoje, faz com que as pessoas possam refletir sobre suas ações e situações que estão vivenciando. Essas mudanças abriram nossos olhos para o que antes não atribuíamos a devida atenção. As pessoas estão com grandes dificuldades de tolerar o outro, enxergam apenas defeitos, lamentam a vida perdida do lado de fora, se sentem inseguras pelo fato do outro ter uma relação social fora de casa, enquanto geram outros conflitos pelo fato de conviverem sob o mesmo teto. É uma situação muito difícil e acarreta prejuízos em ambos os lados. A transparência notada na ocasião da quarentena surtiu efeitos negativos para muitos casais, pois a falsa tolerância de antes passou a ser algo impossível de se suportar, ocasionando a dissolução dos matrimônios, separação de corpos, divórcios e sofrimentos nas famílias que possuem filhos e necessitam ter os pais por perto.

Referências

BRITO, L. M. T. Família pós-divórcio: a visão dos filhos. Universidade do Estado do Rio de Janeiro. *Psicologia, Ciência e Profissão*, v. 27, n.1, p.32-45, 2007.

CASTRO, M. C. A. Configurações familiares atuais. In: Rosa Maria Macedo. (Org.). *Terapia familiar no Brasil na última década*. São Paulo: Editora Roca, 419-427, 2008.

COELHO, S. V. As transformações da família no contexto brasileiro: uma perspectiva das relações de gênero. *Psique, v.10, n.*16, p.7-24. 2000.

COHEN, G. J. Helping children and families deal with divorce and separation. *Pediatrics*, v. 110, p. 1019-1023, 2002.

FENICHEL, O. *Teoría psicoanalítica de las neurosis*. Buenos Aires: Paidós, 1996.

FERES-CARNEIRO, T. Casamento contemporâneo: o difícil convívio da individualidade com a conjugalidade. *Psicologia: reflexão e crítica*, v. 11, n. 2, p. 379-394, 1998.

FERES-CARNEIRO, T. Separação: o doloroso processo de dissolução da conjugalidade. *Estudos de Psicologia*, v. 8, n. 3, p. 367-374, 2003.

FÉRES-CARNEIRO, T., ZIVIANI, C. Conjugalidades contemporâneas: um estudo sobre os múltiplos arranjos amorosos da atualidade. In: FÉRES-CARNEIRO, T. (org.) *Casal e família: permanências e rupturas*. São Paulo: Casa do Psicólogo, 2009.

FREUD, S. *O mal-estar na civilização*. Rio de Janeiro: Imago, 1987.

GIMENO, A. *La família: el desafio de la diversidad*. Barcelona: Ariel, 1999.

GOLDENBERG, M. (Org.). *Os novos desejos: seis visões sobre as mudanças de comportamento de homens e mulheres na cultura brasileira contemporânea*. Rio de Janeiro: Record, 2000.

GROENINGA, G. C. O direito a ser humano: da culpa à responsabilidade. Em: GROENINGA, G. C.; PEREIRA, R. C. P. , (Org.) *Direito de Família e Psicanálise*. Rio de Janeiro: Imago, p. 95-106, 2003.

HACKNER, I.; WAGNER, A.; GRZYBOWSKI, L. S. A manutenção da parentalidade frente à ruptura da conjugalidade. *Pensando Famílias*, v. 10, p. 73-86, 2006.

JABLONSKI, B. O cotidiano do casamento contemporâneo: a difícil e conflitiva divisão de tarefas e responsabilidades entre homens e mulheres. Em: FÉRES-CARNEIRO, T. (org.) *Casal e família: permanências e rupturas*. São Paulo: Casa do Psicólogo, 2009.

JORGE, M. M. *Separação conjugal em famílias de baixa renda* (Dissertação de Mestrado). Universidade de São Paulo, São Paulo, Brasil, 2003.

KARAN, M. L. A superação da ideologia patriarcal e as relações familiares. Em: SILVEIRA, P. (Org.) *Exercício da paternidade*. Porto Alegre: Artes Médicas, 1998.

MARGOLIN, G., GORDIS, E., & JOHN, R. Coparenting: a link between marital conflict and parenting in two-parent families. *Journal of Family Psychology*, v. 15, p. 3-21, 2001.

MERLEAU-PONTY, M. *A estrutura do comportamento*. Tradução: Márcia Valéria Martinez de Aguiar. São Paulo: Martins Fontes, 2006.

NAKAMURA, P. *Revista Veja Saúde*. Não deixe a crise abalar o relacionamento. Maio 2020. Disponível em: <https://saude.abril.com.br/bem-estar/nao-deixe-a-crise-abalar-o-relacionamento/>. Acesso: 10 out. de 2020.

PECK, J. S. & MANOCHERIAN, J. O Divórcio nas Mudanças do Ciclo de Vida Familiar. Em: CARTER, B.; MCGOLDRICK, M. *As mudanças no ciclo de vida familiar*. Porto Alegre: Artmed, 1995.

PEREIRA, M. G.; PINTO, H. O conflito no contexto da separação e divórcio: a perspectiva feminina. *Psicologia: teoria, investigação e prática, v. 2*, p. 187-203, 2003.

PORRECA, W. *Famílias recompostas: casais católicos em segunda união* (Dissertação de Mestrado). Universidade de São Paulo, São Paulo, Brasil, 2004.

SAFATLE, V. P. *O circuito dos afetos: corpos políticos, desamparo e o fim do indivíduo*. Belo Horizonte: Autêntica, 2016.

SILVA, C. E. V. *Sem "nós" dois, o que resta sou "eu": os caminhos da separação conjugal* (Tese de Doutorado). Pontifícia Universidade Católica do Rio de Janeiro, Rio de Janeiro, Brasil. 2001.

VAINER, R. *Anatomia de um divórcio interminável*. São Paulo: Casa do Psicólogo, 1999.

VIEGAS, I. L. F. *A desvinculação amorosa na relação conjugal* (Dissertação de Mestrado). Universidade de São Marcos, São Paulo, Brasil, 2006.

VIEIRA, S. Advogado da Âmbito Jurídico. *Divórcios estão em alta durante a quarentena em todo o Brasil*. . Disponível em: <https://ambitojuridico.com.br/noticias/divorcios-estao-em-alta-durante-a-quarentena-em-todo-o-brasil/>. Acesso: 10 out. de 2020.

WAGNER, A.; FALCKE, D.; MEZA, E. B. D. Crenças e valores dos adolescentes acerca de família, casamento, separação e projetos de vida. *Psicologia: reflexão e crítica, v.10, n.1*, p. 155-167. 1997.

YALOM, I. D. *O carrasco do amor e outras histórias sobre psicoterapias*. Porto Alegre: Artmed, 1996.

30

OS TRÊS ESTADOS DA MENTALIDADE QUE TODO NOVO EMPREENDEDOR PRECISA SABER!

Pensar no novo, encontrar alternativas para a superação e a desconfiança, poder entender situações que surgem ao longo da trajetória empresarial, saber que a ideia de crescimento é para um futuro promissor... Tudo isso só será possível se entender os três estados da mentalidade do empreendedor. Chegou o momento de abrir a sua mente para o que é considerado o novo normal, mas ter a segurança de estar no destino certo: da **felicidade empresarial**.

SIDNEY BOTELHO

Sidney Botelho

CEO e palestrante da Toyê Coaching, Training & Eventos. Neurocientista, *master trainer, master coach,* especializado em Hipnose Ericksoniana e especialista em oratória, comunicação e negociação, formações pela PUC-RS, Universidade Presbiteriana Mackenzie, Universidade Monteiro Lobato e Instituto Brasileiro de Coaching. Experiência de 30 anos nas áreas de TI/Telecom, com passagens em grandes multinacionais, 23 anos na área de Rádio e TV, sendo âncora de Telejornal na Rede Gospel de TV, 20 anos na área de cerimonial e eventos, como apresentador e mestre de cerimônias. Escritor do livro *Além do microfone – improvisos de um mestre de cerimônias* (2016), coautor dos livros *Profissional de alta performance* (2019), *Coaching de carreira* (2019), *Coaching – mude o seu mindset para o sucesso* (2019), *Manual prático do empreendedor* (2018), *Momento zero* e *Otimizando relações* (2021), todos pela Literare Books. Realizou apresentações para mais de 3 milhões de pessoas.

Contatos
www.sidneybotelho.com.br
Instagram: @sidneybotelhooficial
YouTube: Sidney Botelho

Estar preparado é o que todos os empreendedores devem fazer quando recebem alguma oportunidade de negócios ou novos projetos, mas não é o que estamos acostumados a ver. Muitos descobriram apenas agora que situações de calamidade pública exigem planejamento e estratégias eficazes para que haja superação de dificuldades.

O que ficou mais evidente foi o despreparo do empresário para assumir as responsabilidades de mudanças e tomadas de decisões que direcionariam o destino da empresa para caminhos diferentes e, ao mesmo tempo, ter a certeza de manter o otimismo de estabilidade, mesmo perante ao percalço negativo que enfrentava, naquele determinado momento.

As situações inesperadas são provas da falta de conhecimento que os empreendedores não admitem e não percebem: essa limitação técnica resultará em descrédito intelectual, prejudicando a autoestima do indivíduo.

Para entender as suas limitações, o empresário deve refletir e fazer a autoanálise das suas ações, das suas decisões, das escolhas feitas em períodos anteriores, além de aprimorar a gestão administrativa e de pessoas. Esses fatores são os que mais levam profissionais ao desespero, pois, na maior parte das vezes, há dependência da mão de obra de seus colaboradores – que, por desmotivação alheia, não percebem que suas atividades estão em níveis abaixo do esperado pelo empreendedor.

Estar, ser e acreditar são verbos que o empreendedor deverá conjugar no novo conceito estratégico criado por ele para salvar e resgatar o seu negócio, a sua empresa e o seu sonho.

Vamos entender esses três estados da mentalidade do novo empreendedor, pois será preciso encontrar o sentido para a nova realidade de vida e a percepção que ela proporcionará para ele. Essa reflexão deve ser feita a qualquer momento, com questionamentos verídicos e sinceros, pois todas as respostas da autoavaliação – seja com a ajuda de um especialista ou não – farão crer que a ascensão ou a mudança do destino devem ser aceitas e, acima de tudo, que elas precisam ser significados reais. Consequentemente, é possível alcançar o entendimento para superar os desafios e chegar à prosperidade empresarial.

O que seria a prosperidade empresarial? É a evolução contínua da sua empresa. São etapas superadas com o aprendizado e apoio das pessoas que veem essa possibilidade de crescimento horizontal da própria companhia.

Para que o empresário veja essa evolução no tempo predeterminado, é importante parar e definir o período desse crescimento, planejando cada passo para as suas conquistas, acompanhar a linha do tempo e as pessoas responsáveis por determinadas tarefas.

O primeiro estado da mentalidade do novo empreendedor é **ser empresário**!

O profissional deve assumir esse papel e entender que todas as ações vão depender apenas dele e de mais ninguém, pois a capacidade de reconhecer suas limitações serão no sentido de permitir que mudanças propiciem uma nova mentalidade, a qual será adquirida e constituída, facilitando a criatividade e outras habilidades engessadas com o tempo de acomodação.

As maiores dificuldades de entendimento, por parte dos profissionais, são o reconhecimento do acesso à zona de conforto eterna, já que não há como perceber a entrada diante da falta de controle gerada ao longo da gestão automática do empresário.

Quando falamos de gestão automatizada, não me refiro ao tema de sistematização de processos e atividades, mas sim no popular "gestão no piloto automático", que impede a visão ampla do negócio e, consequentemente, destrói o raciocínio rápido para tomadas de decisões que agreguem à empresa e gere novos resultados.

Ao chegar no estado de ser algo, ser útil, ser resiliente, ser capaz, ser inovador, ser idealizador, ser empreendedor na essência da palavra, o profissional sabe que suas ações são resultados de suas decisões anteriores, pois não há como **ser** se você não quer, não deseja **ser**.

A desatenção administrativa foi justamente por não **ser empresário**, colocar a alma e a vida em seu negócio, observar que, inicialmente, o sonho da empresa é exclusivo dele próprio, tendo em mente que o seu pensamento é estruturado para que ele se difunda com os outros. Depois de aplicar em testes e análises e, quando entender que todas as ações pertencem ao seu objetivo, pode expressar e apresentar para as outras pessoas, que validarão a sua ideia e o contexto geral do projeto. Elas verão essa nova ideia com os mesmos olhos que o seu idealizador e sentirão a participação deste, pois se os parceiros ou colaboradores não perceberem que o empresário está com sua essência no negócio, não haverá êxito e as frustrações serão evidentes, tornando aquele sonho em pesadelo.

Ser empresário é demonstrar que nunca está sozinho. Consciente da sua capacidade, o profissional encontra alternativas para aquele momento difícil, entendendo que o ar que respira, mesmo turvo ou nem sempre qualificado, não o impedirá de seguir em frente, pois a empresa é a sua vida, é a sua história, é o seu legado. Por isso, da mesma maneira que encontrará uma saída para se salvar em alguma dificuldade física ou acidental, o pensamento deve ser para não sofrer, não sentir dor e, mesmo na angústia, saberá que o responsável por tudo é você.

A autorresponsabilidade é que o mais amedronta o empreendedor atual – é justamente a gestão aberta que prejudica o entendimento de assumir o domínio dos problemas e as objeções que aparecem. É muito visível ver o empresário delegar as suas decisões com medo de admitir o erro. Caso a decisão seja equivocada, com isso poderá culpar alguém pela falha, porém o erro parte dele próprio – que não mensurou todas as possibilidades e, por negligência, não trouxe a responsabilidade para si.

Quando o profissional se esquiva da responsabilidade, passa a entrar no estado da mentalidade do novo empreendedor de **estar empresário**; esse sentimento é o mais natural quando se perde a identidade com a profissão.

Vejo muitos profissionais no estado de **estar empresário**. Em muitos casos, são aventureiros de plantão, que assumiram essa função para suprirem alguma necessidade momentânea e, em hipótese alguma, se permitirão **ser empresário**, pois não se prepararam para esse papel.

Estar empresário é como viver uma vida que não te pertence, pois diante de qualquer dificuldade, a dedicação não será a esperada pela função, pelo cargo que exerce no determinado período de transição. Esse estágio é de uma transição que nunca chegará à sua conclusão, diante da aplicação de ações condizentes às atividades contínuas.

O empreendedorismo é muito mais do que estar nesta função: é navegar em mares revoltos com o entendimento da navegação oceânica, podendo enfrentar todas as tempestades e mudanças de climas que surgirem – o empresário passa por turbulências a cada fração de segundo e essas alterações de ambientes fortalecem as decisões e geram a satisfação de seguir em frente rumo ao objetivo do crescimento do negócio.

Quando se vive o estado de **estar empresário**, esta percepção não será a mesma, devido à temporalidade de permanência na função. Por isso, é fundamental refletir quais papéis exercerá na vida e quanto tempo será dedicado a eles, porque é neste cenário que veremos os interessados em seguirem a missão e o propósito da vida empreendedora. Não é simples e, seguramente, é complexo, mas assumir essa responsabilidade envolve os valores trazidos do passado e da família.

Os nossos pensamentos são condicionados pelas vivências que temos e das oportunidades que surgem gradativamente de acordo com as possibilidades de ações geradas, pela confiança que temos das pessoas com quem convivemos nos âmbitos pessoal e profissional, pelo conhecimento que aprimoramos de uma determinada profissão, a qual tem seus especialistas que se destacam. Consequentemente, muitos veem que outras pessoas estão tendo êxito em uma área específica e enxergam apenas os bons frutos que foram colhidos – não imaginam os anos de estudo, esforço e, acima de tudo, os fracassos que estão por trás de um indivíduo de sucesso. Assim, decidem "empreender". Entretanto, será que ele está preparado? A resposta é **não**!

É neste momento em que o profissional entra no terceiro estado da mentalidade do novo empreendedor: **acreditar que é empresário**.

Não vou negar que muitas pessoas sonham em ter o próprio negócio por se sentirem suficientes e qualificadas para deixarem o emprego para seguirem as mesmas atividades, só que para si, por entenderem que o seu trabalho está enriquecendo o dono da empresa em que é contratado. O indivíduo vê que o seu esforço pode ser para o próprio negócio, sem precisar justificar e prestar conta às pessoas que o lideram, que, para este mesmo profissional, não estão à altura da gestão que ele tanto espera.

O erro de pensar que está sendo desvalorizado ou injustiçado perante às atividades que exerce é enxergar na questão financeira o motivo de empreender. Muitos empresários nascem assim, em decisões inesperadas e, tomado pela emoção, iniciam sem o devido preparo de estruturar o negócio ou a nova empresa.

O profissional deve entender que não basta ter o domínio de um determinado serviço, produto ou especialidade: deve compreender que precisa de muitos requisitos antes mesmo de enfrentar a realidade do empreendedorismo, pois é muito difícil administrar e fazer a gestão de pessoas, entender das finanças, analisar as dificuldades do *marketing* digital, vender, prospectar clientes e, o que sempre soube fazer, que é a operação da prestação de serviço ou confecção de produtos.

O sentimento de **acreditar que é empresário** é comum para muitos ansiosos e imediatistas! Para chegar ao ponto ideal do verbo em questão, o empresário deve decidir que é capaz de assumir diversas funções ou investir em quem pode ajudá-lo no seu objetivo. Quando se faz o investimento em um profissional que possui uma habilidade diferente dele, é crer que está apostando suas fichas em alguém que vai fazer o que um empreendedor não domina por completo.

Todo empreendedor precisa ter fé, acreditar que sua ideia terá sentido desde o princípio da sua concepção, mantendo vivo cada pensamento, cada palavra, cada ação inicial, para que uma grande estrutura corporativa seja colocada em prática.

O que o profissional deve ter em mente que cada atitude, cada ação, cada atividade executada, deve passar pelo seu processo de criação e definição de documentação, pois não haverá com o desenvolvimento da empresa de manter o acompanhamento ou sendo o empresário o executor de todas as tarefas. Sem pestanejar o empreendedor, quando acredita em seu sonho, sabe que na linha do tempo, vai distribuir com segurança as rotinas, delegando para os sucessores suas próprias atividades.

Esse é o estado de **acreditar que é empresário**, pois sabe que depende apenas dele e, quando o ciclo se fechar, terá a continuidade de tudo que planejou, seguido pelas pessoas de confiança, pois saberá avaliar as pessoas que levarão o seu bem mais precioso, no âmbito profissional, que é a sua empresa.

No novo normal, o empresário deverá definir qual papel profissional seguirá, não há mais tempo para ficar vendo as ondas passarem sem assumir a responsabilidade pelos seus atos. O empreendedor tem que se permitir enxergar o futuro nas suas habilidades, aprimorando-as com a mesma capacidade inicial que o levou a decidir abrir a respectiva empresa, porém, no instante em que começou todo o processo empresarial, não observou possíveis situações que o impediriam de alcançar o ápice em curto tempo, pois acreditou apenas no seu conhecimento e no *expertise* profissional trazido do mercado de trabalho.

As realidades de ser funcionário e empresário são totalmente diferentes. Isso porque as decisões estratégicas são do dono do negócio, não mais dos líderes que protegem os patrimônios de forma sábia e são, muitas vezes, criticados pelos subordinados por não entenderem a economia em determinados momentos.

Esse cenário aflige muitas pessoas que esperam que o futuro seja promissor em uma nova função e, vivendo algo que se entende como o ideal para a vida profissional, elevam todos os conceitos técnicos e creem que essa nova estratégia é superior à anterior, pois só dependerá de si para conquistar os seus sonhos e objetivos. Diante disso, afirmo que os três estados da mentalidade do novo empreendedor devem ser estruturados nesta nova fase e, continuamente, o profissional deve fazer a autoavaliação e responder-se: Eu **sou empresário?** ou Eu **estou empresário?** ou Eu **acredito que sou empresário?**.

As respostas dessas autoavaliações devem ser frequentes, confiáveis em seu ponto de vista, fazendo crer que toda a responsabilidade de ser, estar e acreditar é totalmente sua, pois ninguém pode mudar o sentimento interno que está em você. Essa responsabilidade é apenas sua.

A consciência humana mostra que o empresário é responsável pelas decisões e o maior culpado pelo fracasso empresarial, que não vê o que está acontecendo com antecedência, negligenciando o seu futuro, com medo de ser julgado pelas pessoas, porém, quem julga é ele mesmo, sem dó e sem piedade.

Portanto, fortaleça a sua mente, seja inovador, busque praticar a resiliência, seja feliz com cada atividade executada, comemore os erros e as conquistas, intensifique o poder de decisão, abra a sua mente para o novo, encontre alternativas, aja para vencer e viva todos momentos na sua empresa com coragem e coração.

31

CRIANDO UM *MINDSET* FOCADO EM NOVAS EXPERIÊNCIAS!

A pandemia causou uma transformação mundial! Muito além das mudanças no âmbito das relações de consumo, mudamos também nossas relações com a vida e a saúde! Neste capítulo, mostro como **criar uma nova experiência** em todos os segmentos de sua vida!

THIAGO CORREIA DA SILVA

Empreendedor por paixão! Formado em Administração de Empresas, pós-graduado pela FGV-RJ em Gestão Empresarial, pós-graduação Internacional em Gestão de Negócios Internacionais pela University of Tampa – Flórida/EUA. *Master coach* especialista em *Business* e Carreira.

Thiago Correia da Silva

Contatos
Instagram: @thiagocorreia.oficial
LinkedIn: @thiago-correia

É fato que a pandemia trouxe mudanças bruscas em todos os sentidos: na vida pessoal, na relação do indivíduo com a própria saúde física e mental, questionamentos sobre o real propósito da vida profissional... No mercado de negócios, por sua vez, temos uma **nova relação de consumo**.

Quero colocar aqui neste capítulo uma premissa básica: todas as minhas análises não possuem qualquer relação com política, quero tratar de fato como devemos orientar nosso *mindset* para o novo normal.

Todo empreendedor já teve seus momentos de loucuras, aqueles momentos em que tomamos decisões baseadas apenas em emoções – não que isso seja totalmente ruim, creio que o empreendedor também tem um certo *feeling* apurado para isso –, mas quem um dia poderia imaginar uma transformação dessa magnitude nas relações de consumo?

Nem os maiores especialistas do mercado esperavam uma transformação assim – especialmente no ambiente digital. Lembro-me como se fosse hoje: dia de 19 de março de 2020 recebemos a notícia que teríamos de fechar as portas de nossas lojas! Sensação horrível: ver os comércios e *shoppings* totalmente fechados. Como iremos sobreviver? Essa realmente foi minha a pergunta!

De fato, antes de mais nada, teríamos de sobreviver, *literalmente*, pois a avalanche de mortes assombrou o mundo. O segundo passo foi entender até que ponto o comércio sofreria com um mês fechado! Posteriormente, o terceiro e mais decisivo passo: entender que não conseguiríamos prever mais nada. Escrevendo hoje este capítulo, também não sei até quando tudo isso vai durar, mas já temos algumas diretrizes e caminhos mais concretos a percorrer.

Foi no terceiro passo que precisei tirar de meu *mindset* algumas crenças e paradigmas que assombravam meu dia a dia na pandemia. Comecei a me fazer algumas perguntas:

- Como reinventar nossos processos de vendas?
- Lojas físicas ainda existirão em um futuro próximo?
- Estamos preparados para enxergar oportunidades em meio à crise?
- Qual será o novo perfil do consumidor após uma crise sanitária?
- Como irei me reinventar, se eu não sei como será o novo perfil do empreendedor após toda essa loucura de pandemia?
- Se eu morrer, o que deixei de legado para meus filhos e minha esposa? O que eu tenho pra deixar pra eles? Parece loucura... No entanto, inevitável não pensar nisso!

Como sempre foi na minha vida, tudo teve um "gatilho" para a virada da chave e mudança de *mindset* para o novo normal. Esse gatilho foi no dia 8 de dezembro de 2020, quando fui diagnosticado com covid-19. Esse gatilho pode parecer atrasado, afinal, desde março estávamos atordoados com indecisões a respeito do futuro do Brasil! De toda forma, antes tarde do que nunca.

Quero te propor um desafio: criar um gatilho mental para um novo *mindset* para nosso novo normal. Você deva estar me perguntando: " Como criaremos esse gatilho? "

Cada pessoa tem um modo de trabalhar no qual essa metodologia funciona melhor, mas quero te dar uma dica de ouro! Todo gatilho mental serve para lembrá-lo de que você esteve num "ponto A", e que nesse ponto você nunca mais quer estar novamente, e que existirá um "ponto B", onde você vai querer chegar. Esse ponto é seu objetivo maior, sua razão para acordar todos os dias e lutar!

Meus gatilhos mentais sempre se manifestaram por meio de algumas frases ou até mesmo alguns mantras! Aprendi nessa pandemia que meu gatilho estava em apenas quatro palavras:

- Entrego
- Confio
- Aceito
- Agradeço

Este foi o primeiro passo para a mudança de *mindset*, ter meu gatilho e, a partir daí, responder meus questionamentos internos e tomar as melhores decisões com muita assertividade. Meu *mindset* hoje está focado como empreendedor, pai de família e esposo. Todas as minhas decisões estão baseadas na EXPERIÊNCIA DE COMPRA que devemos proporcionar aos nossos novos consumidores, experiências afetivas que damos aos nossos familiares. A partir desse pensamento, comecei a responder às perguntas que fiz, como disse anteriormente:

- 1º) Como reinventar nossos processos de vendas?

Sempre baseado no foco do foco do cliente. Se meu cliente não vai até minha loja, vou criar uma experiência de compra e minha nova entrega será onde ele deseja comprar!

- 2º) Lojas físicas ainda existirão em um futuro próximo?

Sim, elas irão existir! Penso que nenhum segmento irá acabar, mas a mudança como consumimos os produtos e serviços já está acontecendo. Valores agregados e experiências afetivas e até mesmo sensoriais farão parte integrante do mercado off-line.

- 3º) Estamos preparados para enxergar oportunidades em meio à crise?

Sim, empresas tiveram de evoluir digitalmente em cinco meses, o que deveriam fazer em 10 anos! O mercado digital chegou até para pessoas que nunca fizeram compras pela Internet. Tivemos de nos habituar até a comprar pão na padaria via aplicativo!

- 4º) Qual será o novo perfil do consumidor após uma crise sanitária?

Eu também sou consumidor. Como eu estou consumindo hoje? Compro pela Internet? Gosto de ter experiências de atendimentos em uma loja física? Faça essa pergunta a você! Você é o consumidor do futuro!

- 5º) Como irei me reinventar, se eu não sei como será o novo perfil do empreendedor após toda essa loucura de pandemia?

Você é obrigado a se reinventar todos os dias, então não espere uma crise ou algo parecido para sair da zona de conforto, que o deixa muitas vezes paralisado!

- 6º) Se eu morrer, o que deixei de legado para meus filhos e minha esposa? O que eu tenho para deixar pra eles?

Nunca mais pensei isso! Estou aqui na Terra para viver todos os dias como se fosse o último! Sabe como se faz isso? Tenha todos os dias novas experiências! Seja ela na sua vida profissional ou na sua vida pessoal! Onde for! Tenha novas experiências!

Bom, respondido meu questionário interior, proponho a criação de seu novo *mindset* para o novo normal! Faça você o seu, use um papel, seu computador ou seu celular, qualquer coisa que faça sentido para você, mas faça!

Não esqueça de uma coisa: se você está lendo este capítulo, saiba que é vencedor(a), pois é sobrevivente desta maior crise sanitária que o mundo já viu. Não perca seu tempo. Faça uma **nova experiência de vida** todos os dias.